廖日昇 / 著

赚钱者的心态

我的第一本投资心理学

中国宇航出版社
·北京·

版权所有　　侵权必究

本书经由我识出版社有限公司正式授权，同意中国宇航出版有限责任公司在中国大陆地区出版及发行其中文简体字版本。该出版权受法律保护，未经书面同意，任何机构与个人不得以任何形式进行复制、转载。

本书通过锐拓传媒（copyright@rightol.com）引进出版。

著作权合同登记号：01-2023-1240 号

图书在版编目（CIP）数据

赚钱者的心态：我的第一本投资心理学 / 廖日昇著. -- 北京：中国宇航出版社，2023.5
ISBN 978-7-5159-2221-8

Ⅰ.①赚… Ⅱ.①廖… Ⅲ.①投资－经济心理学 Ⅳ.①F830.59

中国国家版本馆CIP数据核字(2023)第054979号

策划编辑	田芳卿	封面设计	王晓武
责任编辑	洪　宇	排版制作	史凤仙

出版发行	中国宇航出版社		
社　址	北京市阜成路8号	邮　编	100830
	(010)68768548		
网　址	www.caphbook.com		
经　销	新华书店		
发行部	(010)68767386		(010)68371900
	(010)68767382		(010)88100613(传真)
零售店	读者服务部		
	(010)68371105		
承　印	三河市君旺印务有限公司		
版　次	2023年5月第1版		2023年5月第1次印刷
规　格	710×1000	开　本	1/16
印　张	16.25	字　数	262千字
书　号	ISBN 978-7-5159-2221-8		
定　价	59.00元		

本书如有印装质量问题，可与发行部联系调换

序

一个人最大的敌人，其实是自己！许多人以为进行投资决策时，要面对的是瞬息万变、波涛险恶的市场。殊不知，源自内心深处的心理问题，才是真正的阻碍，是削减信心的关键因素！

过去，许多人都认为，恐慌与贪婪是影响市场动向的两个主要因素，例如20世纪90年代晚期，投机与贪婪是促成互联网泡沫产生的重要原因，而恐慌则主导了金融危机期间市场的种种非理性行为。以上说法固然有道理，但实际情况远不是这么单纯。因为人的思想如此缜密，人的情绪如此复杂，以致单凭恐慌与贪婪等情绪，无法全面描述影响投资者做出决策时的心理状况。从这个角度来看，心理学研究在金融投资领域便有了最佳的切入点。

心理学是一门研究人类思维究竟是如何运作的学科，乍看它与充斥着资产负债表与收益表的投资领域风马牛不相及。但因心理学家关注并企图了解大脑所有的运作，这些思维运作当然也包括认知控制（即思考与认识的过程）与情绪控制，因此导致心理学家对人们如何学习，如何思考，如何沟通，如何感受情绪，如何处理信息，如何决策与如何形成核心理念，以引导其处事行为等都进行了全面研究，这些研究成果当然也适用于投资领域。投资是一种在大脑主导下进行充分运作的求利活动,因此投资与心理学就有了紧密联系。

2002年,经济学家弗农·史密斯(Vernon Smith)与心理学家丹尼尔·卡尼曼(Daniel Kahneman)共同获得诺贝尔经济学奖,前者的主要贡献在于实验经济学的研究,后者的主要贡献在于判断与决策的心理学及行为经济学研究。难得之处是,卡尼曼是全球第一个将心理学研究整合入经济学领域的学者,特别是他对在不确定情形下的主观判断与决策形成机制有独到见解。2014年《经济学人》周刊将卡尼曼列为全球排名第十五的最具影响力的经济学家。自史密斯与卡尼曼获奖后,行为经济学这门新学科(行为金融学是其分支)就在投资与经济领域建立起其应有地位,并受到投资者的广泛重视。

行为经济学旨在强调人们独特的内在特质(即存在于其头脑中的内在市场)与外在金融市场之间的关系,这种关系如果能得到适当协调,投资者承受的风险就能被有效控制。这种协调关系的达成是由多种因素决定的,其中包括投资者是否具有易受媒体炒作影响的人格特质、个人的心理偏执、欲望与期待、生活状况、人生目标以及是否能正确评估风险承受能力等。

行为经济学是沟通精神(心理)与物质(经济)世界的桥梁,其应用自然也能延伸到投资领域,投资心理学(即行为金融学)因此应运而生。了解这门学科,能大大提升投资者对投资的内在价值的评估能力,而所谓投资的内在价值,指的是投资对象的实际或有形价值,再结合它本身的非金融成分,如管理水平与商业信誉等。对于股票来说,它指的是超越目前市场价值之外的真实价值。如果客观评估股票的真实价值,那么在市场有大波动时,必然多了一份信心,能处变不惊。这样,投资者就不容易随着市场起落而心浮气躁,做出非理性的买卖决策。笔者近年对苹果公司股票的投资经历就是活生生的例证。

我自2013年6月初开始买进苹果公司股票,当时买进价位(分股前)为每股445美元,到2015年5月初,前后买进及卖出数次,开始时每次买进的股数更多,随着股价的升高逐渐降低每次的买进数量。至2015年5月下旬,年度平均回报率约为27%。以上两年期间,我对苹果公司股票多买少卖的原因是,与其他成长型股票相较，它的市盈率相对低很多，而市场正走多头走势。此外，买前对它的真实价值的预估，也让我在投资过程中减轻了不少心理压力。至于涉及买卖决策的详情，我将在正文中详细讲述。

投资心理学除了能提高对投资标的真实价值的评估能力外，也能最大限度地减少产生系统错误的可能。这种错误在投资过程中是经常发生的，而且还会不断重复发生。造成这种现象的原因，可能是投资者在本身的心理压力下常做出不合理的决定。此外，新闻或其他信息也可能影响投资者的决定，又或者"失掉一块钱的痛苦要远大于获得一块钱的喜悦"的人性特征，也可能让投资者错失买卖良机而蒙受损失。

事实情况也的确如此，在内外压力同时作用下，投资者要想快速做出最佳决策（如决定交易时机）是非常困难的。你可能以为自己正做出最佳决定，但恐慌却默默影响着你，导致你在不利情况下犯错。例如，当市场如自由落体般下跌时，即使是最聪明最有经验的散户投资者，也可能做出最不明智的决定。1987年10月"黑色星期一"全球股市大跌时，及2009年3月5日美国股市跌至十年新低时，当时大多数散户投资者都急着卖出股票，糟糕的是他们卖出股票的时机正好选在市场底部。直到2012年，早成惊弓之鸟的这些散户投资者，他们中的大多数仍然不敢进场买入股票。这种现象说明，散户投资者往往对市场产生过度反应，以致出现了买高卖低的错误决策。

投资市场的真实情形显示，投资者在前两次市场大跌时显然卖得太快，而后又买得太慢，甚至于该买的时候不买。另一种相反情况是，当你应该卖股时却没有卖掉它。这种情况往往发生在你手头持有一只好股票，你心中反复盘算着持有它，期望它在往后数年里继续增值，甚至想象着有一天它可能成为退休生活费的来源之一。然而，今天的好股未必是明天的好股，当其光环褪去时，也就是你应狠下心来卖掉它的时候。

上面提到的卖得太快或买得太慢的非理性交易，其实都间接反映了投资者内心的恐慌与贪婪。此外，还有一些其他因素也可能造成这种结果。为此，本书论述的范畴就不仅限于恐慌与贪婪对投资决策的影响，对其他因素也有详尽剖析，目的是希望这些内容能帮读者认识并了解更多影响投资决策的心理因素。更重要的是，通过阅读本书，可以避免它们日后影响你的投资行为。

总之，从心灵上武装自己，尽量克服恐慌与贪婪，这是一个成功投资者最起码应具备的条件，而这种心理条件愈早养成愈好。沃伦·巴菲特（Warren Buffett）的早年成长经历就是一面最好的镜子，他10岁时首度造访纽约证券交易所，11岁时就买进了自己的股票。高中时，巴菲特更进一步投资父亲的企业，并买进一个农场，扮演起企业主的角色。他在高中毕业纪念册上写下了"喜欢数学，希望未来成为股票经纪人"一行字。巴菲特少年时代的经历，为他日后的成就打下了坚实的基础。

当然，并非人人都能有幸具有像巴菲特的早年经历，也无法期望人人拥有像巴菲特的投资天赋与机遇，但投资者如果能尽早学习投资相关理论，在市场经受历练，就应该能使心智更健全，投资技巧与策略更完善。2009年，以巴菲特为原型并由他亲自配音的卡通节目《神秘百万富豪俱乐部》在美国播出。在这个培养孩子理财意识的节目中，巴菲特说："不会理财，长大后就不能成为成功又负责的成年人。"他还说："这些理财知识虽然老掉牙了，但仍必须教给下一代。有的孩子很幸运，家长会教他们这些知识，但大多数孩子没有这份运气。"

本着类似的目的，我为成年读者创作了《赚钱者的心态》。这本书的核心主题是投资心理学，主要内容是探讨哪些想法和行为，有可能会使投资者做出错误的决策。投资者如果能尽早了解这些想法和行为，就能顺利筑起一道牢固的投资防火墙。序言的最后，再度引用巴菲特的话——"我阅读更多，思考更多，就比多数同行更少做出冲动决策"，笔者愿以这句话来与大家共勉。

目 录

第一章 巴菲特的头脑和你的不一样
一、巴菲特的投资者人格　　　　　　　　　　/ 3
二、当心理学遇到经济学　　　　　　　　　　/ 9
三、做个理性的投资者　　　　　　　　　　　/ 12
四、难以预测的投资市场　　　　　　　　　　/ 20
五、一定要避开的投资陷阱　　　　　　　　　/ 24

第二章 人人都要懂的行为金融学
一、洞悉人性的行为金融学　　　　　　　　　/ 28
二、经济学与心理学的新领域　　　　　　　　/ 31
三、用行为金融学掌握投资心理　　　　　　　/ 40

第三章 投资三大陷阱——贪婪、恐慌与焦虑
一、亿万富翁男孩俱乐部　　　　　　　　　　/ 45
二、认清自己的贪婪与恐慌　　　　　　　　　/ 56
三、投资者的风险心态　　　　　　　　　　　/ 60
四、投资之前的自我审视　　　　　　　　　　/ 61
五、比存现金更好的投资选择　　　　　　　　/ 64
六、恐慌与焦虑阻碍投资决策　　　　　　　　/ 68

第四章　你是自我感觉良好的投资者吗？

　　一、自我陶醉的投资者　　　　　　　　　／75
　　二、市场信息引发过度自信　　　　　　　／78
　　三、小心！你的自信可能是幻觉　　　　　／81
　　四、别高估自己的决策能力　　　　　　　／85

第五章　面对风险，你可以更冷静

　　一、你就是风险的源头　　　　　　　　　／92
　　二、系统性风险　　　　　　　　　　　　／94
　　三、非系统性风险　　　　　　　　　　　／99
　　四、其他形式的风险　　　　　　　　　　／101

第六章　不确定的投资

　　一、与不确定性打交道　　　　　　　　　／110
　　二、市场波动与投资良机　　　　　　　　／113
　　三、掉入陷阱的八大诱因　　　　　　　　／117
　　四、别让风险害你失眠　　　　　　　　　／120

第七章　从众意识与心理账户

　　一、摆脱盲目的从众意识　　　　　　　　／135
　　二、审视你的心理账户　　　　　　　　　／140

第八章　找出你的"不焦虑投资法"

　　一、看清你的投资心魔　　　　　　　　　／146
　　二、记忆与认知失调　　　　　　　　　　／150
　　三、一定能克服的心理压力　　　　　　　／154
　　四、别让天气影响你的投资决策　　　　　／160

第九章　只要有耐性，你就是赢家

一、用巴菲特的眼光看市场　　　　/ 171

二、如果你缺乏耐性　　　　　　　/ 176

三、培养耐性的方法　　　　　　　/ 178

第十章　避免偏执与化压力为动力

一、避免偏执，理性投资　　　　　/ 185

二、一定要知道的投资原则　　　　/ 188

三、化压力为动力　　　　　　　　/ 195

第十一章　卖股心理学

一、对市场信息的反应　　　　　　/ 203

二、短期损失的创伤　　　　　　　/ 210

三、掌握可靠的卖出指南　　　　　/ 214

第十二章　如何成为一个成功投资者

一、投资者类型与投资步骤　　　　/ 232

二、成功投资者的障碍　　　　　　/ 239

三、成功投资者的特质及准则　　　/ 241

第一章
巴菲特的头脑和你的不一样

一、巴菲特的投资者人格
二、当心理学遇到经济学
三、做个理性的投资者
四、难以预测的投资市场
五、一定要避开的投资陷阱

投资领的非理性行为源自人性的弱点——情绪，而情绪是每个人都会有的，无论他是何方圣贤或是年岁多少，他都会有情绪，只是多少而已。可以说，只要一个人涉足投资活动，他或多或少都会出现非理性行为。就算是股神沃伦·巴菲特，有时也避免不了投资上的非理性行为，否则他就是一个十足的机器人了。然而，与一般人相比，巴菲特的非理性投资行为不但少得多，而且他善于自省，这使得他对于相同的错误，不至于像其他人那样一犯再犯，而这正是一般投资者难以做到的。

本书一开头就先谈巴菲特这个人，特别是谈他与行为金融学之间的关系，这门学科是专门研究投资心理与策略的，笔者希望以此为起点，来勾勒出全书的脉络。

一、巴菲特的投资者人格

不管是从财务还是情绪角度看，巴菲特的第一只股票投资都是不成功的。不过，先别着急苛责他，因为他当时只有 11 岁！在这之前，他没有任何投资经验。

这就引出了几个有趣而严肃的问题，首先是你无法想象，为什么一个才 11 岁的小孩，竟然会想到投资股票？其次，他从那次失败的投资中究竟有没有学到一些东西，或者仅仅是做着玩儿？前一个问题涉及投资者人格的养成，这可能与他的爷爷和爸爸都是生意人或股票经纪人有关。巴菲特自幼耳濡目染，自然对金钱游戏会比较感兴趣。后一个问题涉及投资心理领域，巴菲特成年后的行事风格非常符合行为金融学理论，从这一点看，幼年时期的股票投资经验确实给他带来了很大的启示。

以上对两个问题的解答当然略显简单，如果要更详细地回答以上问题，必须费一点篇幅，先从巴菲特的幼年生涯说起。看了下面这段故事你才能领会，本书后文不断提到的耐性、长短线投资、恐慌、情绪与股票真实价值等究竟是怎么一回事。更重要的是，从巴菲特身上，我们看到了成功投资者人格的塑造过程，我们是否能从他身上学到一些东西，来改善我们自身的投资者人格呢？

投资者人格的养成

巴菲特在大萧条爆发的第二年（1930年8月30日）生于美国内布拉斯加州奥马哈。他的祖父经营一间食品杂货店，父亲霍华德·巴菲特（Howard Buffett）是当地一名股票经纪人，同时也在银行兼职，后来成为共和党的国会议员。据说，巴菲特打从出生起就对数字感兴趣，上幼儿园之前就已经会算数了。6岁时他想到一些赚钱的点子，其中之一是在自家门口摆一张小桌子贩卖口香糖，或是挨家挨户敲门贩卖口香糖和汽水。不仅如此，他还趁机兜售《星期六晚报》及《自由女神》杂志，周末则在当地的足球场卖爆米花和花生。此时，已持续10年的大萧条也影响到了巴菲特一家。

一天晚上，巴菲特的父亲神色黯然地回到家，告诉家人他工作的银行关门了，他失业了。幸好祖父及时伸出援手，解了燃眉之急。获得父亲援助的霍华德一扫沮丧心情，在当地法兰姆街开了一家股票经纪公司。后来，巴菲特的第一栋住宅就坐落在这条街上，并以这里为起点开始了他的投资生涯，开启了他那极富传奇色彩的一生。

上文提到，巴菲特生于大萧条爆发的第二年，大萧条影响了亿万人的生活（美国在1929年时有1.218亿人口），改变了许多人的命运，巴菲特的命运也因大萧条而发生了巨大变化。"大萧条"这三个字对现在的大部分美国人来说，只不过是"经济灾难"的代名词，并没有几个人有兴趣深究其中的含义。它究竟是怎么回事？下面我们来简要了解一下。

1929年10月24日，纽约证券交易所突然崩盘，这一天被称为"黑色星期四"，无数人在这一天失去了几乎所有的投资资金。股市在星期四之后持续探底，下一周的星期二，道琼斯工业指数又下跌了12%，这一天被称为"黑色星期二"，它标识着"大萧条"的开始。此时，国际贸易量开始下跌，

第一章　巴菲特的头脑和你的不一样

随后是个人收入、政府税收及产品价格下跌。许多经济学家认为，大萧条的发生印证了一件事，即如果任由资本主义无限制地发展，将是非常危险的。

大萧条究竟对巴菲特后来的投资策略与投资事业有多大影响，虽然没人能确切地说明，但必然是有影响的。他目睹周围许多人失业，失去房子，全家流离失所，这种种悲剧对幼年巴菲特的人格养成肯定是有影响的。试想，一个出生于中上阶层家庭，还不满十岁的孩子，就算他天生是块做生意的材料，如果不是家庭生活需要，怎么会主动沿街兜售口香糖或摆摊卖东西，而做生意这件事必然涉及低买高卖及利润多少的问题（就像买卖股票一样），因此巴菲特的特殊生意头脑及人格养成，确实与大萧条的爆发有密切关系。

幼年时期，巴菲特经常访问父亲的经纪公司。在那里，他喜欢看悬挂在墙上的股票与债券证书，也常花时间到距其父公司不远的另一间股票经纪公司的客户休息室溜达，并向里面的经纪人询问各种问题。当巴菲特10岁时，父亲带他到纽约度假，这是霍华德给每一个孩子的生日礼物（他生有两女一男）。巴菲特回忆说，他要求父亲带他去三个地方，首先是斯科特邮币公司，其次是莱昂内尔火车公司，最后是纽约证交所。在纽约，霍华德把儿子介绍给高盛公司的高级合伙人，也就是当时华尔街最出名的人物之一西德尼·温伯格（Sidney Weinberg）。站在温伯格的办公室，巴菲特痴迷地看着挂在墙上的照片与证书。当父亲与温伯格忙着讨论当天的财经大事时，巴菲特则忙着参照墙上相框里的信件原件做笔记，他知道，这些信件都是投资界名人的手笔。

从纽约回来后，由于对股票及股市有了初步了解，11岁的巴菲特用卖汽水、花生及杂志赚的钱，毅然买进人生的第一只股票——城市服务优先股，这也是他父亲最青睐的股票。巴菲特不但自己买了，同时也拉着姐姐多丽丝一起买，两人各买3股（每股38.25美元）。买之前巴菲特早已研究过这只

赚钱者的心态

股票的股价走势图，所以信心满满。没有人敢相信11岁的小孩能画出股价走势图并有能力进行研究，但这正是巴菲特异于常人的地方。

到了夏天，城市服务优先股股价下跌，6月时进一步跌到历史最低点（每股26.95美元），总计比当初的买价下跌了约30%。这期间，多丽丝天天跟弟弟抱怨股票的损失。因此，后来当该股回升到40美元时，巴菲特卖掉了两人的持股，仅获利5.25美元。虽然是赚了钱，但巴菲特事后仍止不住懊恼，原因是在卖掉之后不久，城市服务优先股的价格曾上冲到每股202美元。扣除佣金后，巴菲特暗想，他事实上等于错过了超过492美元的利润，而他辛苦工作5年后才存下120美元，这意味着他放弃了20年的辛勤工作所得。这虽是一个惨痛的教训，却极有价值。

接受了上述教训后，巴菲特发誓，首先他绝不会再被买入的股票纠缠（意思是此后他不再做短线交易），其次他绝不会仅为小利而抛售。以上这两点意味着"耐性"，而这个最重要的投资原则，巴菲特在11岁时就已经心领神会了。

话说回来，年轻的多丽丝当年因眼看着自己的持股买进后不长时间便下跌30%，内心倍感焦虑，不免天天埋怨弟弟。等股价从底部回升到略微超过购入价时，她便迫不及待地催着弟弟赶快抛售出场，以获取微薄的利润。多丽丝的不理性做法及对行情的误判，也正是股票市场中多数投资者常犯的错误。

🗝 巴菲特的求学生涯

就投资者而言，股票从买到卖的全过程都包含着经济与心理层面的意义，正是这两种层面的因素，共同主导着市场的上下波动。长久以来，许多投资者喜欢用图形价量分析（或称技术分析）来预测市场走势，年轻的巴菲特也是如此。除了童年时已拥有初步的股价走势图分析经验外，当他从内布拉斯加大学毕业后，也曾短期留在家乡从事技术分析研究。这种股票价量图反映的其实就是投资大众心理上对公司或总体经济的期待，就这一点来说，心理学研究对投资者的价值绝不亚于对资产负债表与损益表的研究分析。对经济学与心理学的混合研究构成了一门新兴的边缘学科，即行为金融学，巴菲特与这门学科的渊源可以追溯到他的早期求学生涯。

话说1950年，巴菲特从内布拉斯加大学毕业（这时他还不到20岁）并回到家乡奥马哈后，重新投入股票市场。此时，他又开始研究起技术分析来。有一天，在当地图书馆浏览书刊时，他偶然看到一本由本杰明·格雷厄姆（Benjamin Graham）编写的新书。据巴菲特自己形容，看到这本名为《聪明的投资者》的书，简直就像在茫茫大海上看到了一座灯塔。除这本书外，格雷厄姆与戴维·多德（David Dodd）合著的《证券分析》对巴菲特也有重要的影响。那么，影响有多大呢？受以上两书的启发，巴菲特离开奥马哈，动身前往纽约，进入哥伦比亚大学商学院，追随格雷厄姆教授做研究。格雷厄姆强调公司真实价值的重要性，他认为，如果能使用数学模型精确计算公司的真实价值，并在股价低于真实价值时买进，投资者就能获利。评估公司的真实价值需要利用数学模型，天生喜欢数字的巴菲特深深地被这种理论吸引了。

格雷厄姆的班上有20个学生，许多人比巴菲特年长，有些人正在华尔街工作。每逢晚上上课时，这些在华尔街上班的专业人士就开始讨论哪些股票被过度低估了，第二天他们回去上班时就买进前晚讨论的股票，从中获利。在这群学生中，巴菲特可谓鹤立鸡群。这并非是因为他的身高，而是因为他的头脑，往往是格雷厄姆还没问完问题，他已经举手并说出了答案。后来成

赚钱者的心态

为红衫基金共同创办人的同班同学比尔·鲁安（Bill Ruane）回忆说，有时，课堂上只有格雷厄姆与巴菲特一问一答，其余学生只能当听众。学期结束时，巴菲特得到 A+ 成绩，这是格雷厄姆任教 22 年来首次给学生 A+。

巴菲特自 11 岁买进第一只股票后，便孜孜不倦地埋头钻研股市的奥秘。如今，他从格雷厄姆身上获得了明确答案——先算出公司的真实价值，再以低于真实价值的价格买进股票，然后长期持有，这就是买股票赚钱的诀窍。这个诀窍让巴菲特终生受用，为此，他衷心地认为，格雷厄姆是仅次于其父的对他这一生有重要影响的人。格雷厄姆对他的一些学生的确有巨大的影响。例如，巴菲特和另一位学生欧文·卡恩（Irving Kahn）都将"格雷厄姆"作为自己儿子的中间名。卡恩于 2015 年 2 月去世，生前是美国年纪最大的积极投资专业人士。

格雷厄姆留给后人的不仅是"真实价值"的观念，他在投资心理学方面也颇有贡献。在自己的两本著作《聪明的投资者》与《证券分析》中，他曾花不少篇幅阐述投资者的情绪如何引发股市波动。格雷厄姆认为，投资者的最大敌人并非市场，而是自己。他们尽管在数学、金融及会计领域可能有卓越能力，但如果无法掌控自己的情绪，那就不会从投资过程中获利。格雷厄姆最得意的学生巴菲特解释说，格雷厄姆的投资策略包含三个重要观念，首先它将股票视为企业，这样做将使你拥有与其他投资者完全不同的观念；其次是安全边际概念，这将让你有竞争优势；最后是面对股市，需要有真正的投资者心态，如果有了这种心态，你的表现将超过市场中 99% 的人。

格雷厄姆认为，为了培养投资者心态，我们必须在资金与心理上多做一些准备，这样，当股市低迷时，我们才能做出适当反应。他所说的适当反应，就是不理睬股市的低迷。更具体地说，格雷厄姆认为，多数投资者是非理性的，一个真正的投资者几乎从不被迫卖出股票，在任何时候都无视当前报价。

换句话说，一个真正的投资者应是理性投资者。要做到这一点，我们必须熟悉混合着金融学与心理学的行为金融学理论。

二、当心理学遇到经济学

2002年，心理学家卡尼曼获得诺贝尔经济学奖，获奖理由是他"把心理学研究和经济学研究结合在一起，对不确定状况下的决策制定进行了深入研究"。这标志着行为金融学的崛起，也说明主导市场的力量是人，而非计算机程序或暗箱操作。

心理力量塑造出各种不同类型的市场行为，而市场行为是由投资决策促成的，这些决策包括买、卖、满意或不满意一个价格，以及决定是否使用杠杆（向证券公司融资或融券）等，这些决策均由个人或机构投资者所主导。人的决策受到情绪、感知、偏见及理解程度的影响，1929年的股市大崩盘被称为"大恐慌"并非只是一个比喻。根据有效市场假说（见第二章），金融市场的投资者具有完美理性的投资行为，使得股票或债券价格总是能处于合理的价位附近。试问，如果投资者都非常精明与理性，为什么每当熊市启动时，市场总是弥漫着极度乐观的气氛？为什么牛市启动时，市场总是弥漫着极度悲观的气氛？为什么在20世纪70年代的10年间，最佳的股票买入时机是在1974年12月，而那时的股票盈余与股利估值最少？又为什么在这10年期间，一些股票估值的变化就像巨大的钟摆左右摆动，波动剧烈？

下面这个案例可以印证这种现象，1973年初，光谱物理公司的股价突然猛烈下跌，经过一段时间后又强力回弹。一年内，其市盈率从43下降到了9，然后又在仅仅7个月内反弹到54。奇怪的是，该股票的盈余和股息在市盈率出现剧烈变化的同时，却没有相应地大幅变化。如果说这么大的波动和差异是完美的逻辑、清晰的感知，或全盘考虑所有已知客观事实的结果，那么这种说法实在是让人难以置信。事实上，它反映的正是极端非理性的投资行为。

反过来，如果说人人都是非理性的也不符合事实。因此，以上两种说法都太极端，比较适当的说法应该是：人在正常情况下是理性居于主导地位，但在非正常情况下则可能变得非理性。人一旦处于非理性状态，就可能被恐慌与贪婪控制。

20世纪90年代末期，美国股市繁荣过头，最后泡沫化，当时的情况与1929年的股市大崩盘类似，但比2001年及2008年的崩盘轻微。在以上数次危机中，美国中产阶级都是最大的受害者，他们的退休金账户大大缩水，其他散户投资者也不同程度地遭受了损失。以1998年为例，到股市崩盘前夕，股价在过去10年中上涨了6倍，但市盈率仅增加了两倍。诺贝尔奖得主、耶鲁大学经济学教授罗伯特·席勒（Robert Shiller）指出，这个缺口的形成与投机及贪婪等因素有关，所有股市泡沫的产生都脱离不了以上两个因素。他在2000年3月出版的书中提醒读者，当时美国股市已经形成泡沫，崩盘很快将会来到。

宾州大学沃顿商学院经济学教授杰里米·西格尔（Jeremy Siegel）在其著作中也指出：资本的较低税收、较低的风险溢价、对持股的低分红派息，以及低交易成本等偏激经济政策，使股市成为一条远远超越基本面的"单行道"，投资者的心理与行为推动股价飙升，充裕的流动资金给投机行为火上浇油。

投资市场泡沫的端倪

一般来说，投资市场泡沫可从以下迹象看出端倪，当它们出现时，就是投资者应该更加谨慎的时候。这些迹象包括：

- 很难找到好的投资机会，大部分股票都已经充分反映其真实价值或已超越其真实价值。
- 提供经纪服务的媒体广告铺天盖地。
- 投资者买入股票时很少考虑到基本面因素（如盈余及管理等）。
- 散户投资者的人数正处于历史最高水平。
- 对热点板块股票的投机性短期交易激增。
- 投资者消费支出增长，这些消费资金有些来自他们已落袋的获利，有些来自杠杆投资的尚未落袋获利（即浮盈利润）。
- 金融报刊充斥着一大堆展示光明前景与多头信心的文章。
- 一些专业投资人士开始享受生活，他们花在酒吧的时间多于寻找客户的时间，因为他们认为客户总是在的，而且很容易找到。
- 愈来愈多的钱流入之前闻所未闻的投资计划。

恐慌与贪婪会使股价严重偏离公司的真实价值。从短期看，投资者的情绪比公司基本面对股价的影响更大。当大批投资者做出错误判断时，集体冲击的效应会将市场推往破坏性方向。而且，错误判断的累积效应是复合式的，在非理性行为的海啸中，只有那些具有理性的少数投资者能够幸存。可以这样说——理性是针对情绪激动型误判的唯一解药，特别是对那些有耐性及毅力的长线投资者更是如此。为了减少投资过程中经常发生的非理性行为，投资者应多少具备一些心理学知识。

三、做个理性的投资者

　　了解心理学的目的是减少做决定时的非理性成分，巴菲特曾说过一句名言——"最愚蠢的买股理由是：只是因为它正在上涨"。许多投资者因追涨而做出错误决定。如果是你，你会怎么做呢？这个问题可以通过心理学来回答，但在回答之前先得知道，基本上有两种力量能够影响股价，它们分别是公司的基本面与投资者的行为。如果能同时了解这两种力量，比起单靠公司基本面，你未来在股票市场必能做出更明智的决策。要了解投资者的行为，首先得问问自己以下这些问题，这些问题也间接决定了你应具备什么样的心理学知识与人格。

🔑 1. 你是否具有从众人格

　　从短期看，股价可能与股票基本价值存在巨大差距，因为在行为上，投资者可能呈现一哄而起的从众本能，这一点可能是在市场心理领域你最需要知道的观念。当人们不太了解一家公司时，他们通常随波逐流，不假思索地追求赚钱的股票，抛弃亏钱的股票。由于从众心理，一些股票甚至整个市场的价格可能出现激烈的上涨或下跌，这种从众效应主要源自贪婪或恐慌。当利率上升或当预期某个重要国家的经济可能衰退，且全球市场可能大幅下跌时，这种恐慌感就会产生。要预测这些影响市场的大事件何时发生，是非常困难的一件事。

因此，最佳的做法不是去预测，而是当市场发生剧烈振荡（如巨大跌幅）时，抛弃一切胡思乱想，勇敢地视它为重要的入市良机。怎样确定自己有没有从众倾向呢？一个简单的测验方法就是：当股价或市场指数上涨时，如果在进行真实价值评估前，你的内心就兴起一股买进的欲望，那么你可能就具有从众人格；如果在决定买或卖之前，先对股票的真实价值进行评估，那你可能不具有从众人格。

投资者常常从最近的趋势来推断未来市场走向，然后就决定买或卖。如果单凭最近的行情就能挑选到好股票，那似乎也太容易了，大部分基金经理都应该能打败市场指数，但实际上他们中的多数人都无法做到这一点。因为即使行业趋势上行，但行业内的个股趋势未必都一致，有些甚至是走向相反。例如20世纪90年代末，个人计算机行业的行情看好，但行业内的两个巨头——戴尔及康柏却有不同的命运。到1998年，戴尔的股价已上涨数倍，其上涨趋势自1998年后又持续两年多（它在2000年初的高峰价是每股54美元）。康柏的前期也是一样，直到1998年它都有巨大涨幅（其股价最高点出现在1999年，当时达到每股51.25美元），但1999年之后，其价位却下跌了50%。

以上这两家公司属于相同行业，处于相同的总体经济环境，如果你在1998年选择买入康柏，那你必然是亏钱的。戴尔一直坚持到2013年10月29日才退市，而康柏早在2002年5月就被惠普以每股25美元的价格收购了。在1998年挑选这两家公司股票时，投资者如果能深入了解它们的基本面，就不会选错股票。原来，1998年康柏采用了错误的发展策略，这年6月它收购了数字设备公司，大举进军大型计算机领域，此后营销一路下滑，投资者信心动摇，最终公司被低价收购。

投资者的从众效应在一些情况下会使市场变得火爆。20世纪90年代后期，每个人都争先恐后地买进高科技股票。2000年3月10日，充斥科技股的纳斯达克指数创下5,048点的新高，投资者此时的火热情绪真可用"一窝蜂"来形容。要避免这种从众行为，不理会短期走势，专注于长期走势才是治病良方。

2. 你是否经常审视与反思自己的买卖模式

通过审视与反思自己的买卖过程，可以了解自己的买卖决策，从而改善自己的决策。以下摘要列举出一些投资者常犯的错误，这些交易大部分是中短期的（持股时间为3天到两个月）。

（1）买股前未做足基本面分析，仅凭技术分析买进。

这些股票往往只有1～2天的动能，多持有几天就可能招致损失。

（2）在股价创新高之际买进。

这类股票的买进时机往往是财报发表后的次日或前一日（财报发布的时机通常是预定发布日的当天收盘后）。这类股票的赚赔概率各占一半，或可能赔大于赚。如果你在财报发表前夕买进，你等于是在赌财报。美国洛杉矶曾有一位广播主持人号称"股票名嘴"，他专以收费方式推荐财报股，在财报发表前，把他的个人交易日志用电子邮件发送给订阅客户，并鼓励他们在这时买进，这种做法近似赌博，风险自然很大。

在一次专题讨论的会场内，笔者曾当面问他，如果财报结果不佳怎么办？他说他会马上砍单出场。你在财报发布之后买进，极有可能买在高位。有些股票此后一段时间内固然可能持续走高（其动能能持续多久难以确定），这已是最好的结果，但也有一些股票却是在你买进后就下跌，从此一蹶不振。究其原因，可能是当初投资者对财报数据做出了错误解读，一两天后他们发现了误判，股价自然掉了下来。

总之，根据财报（不管发表前或发表后）来交易股票的做法是一种赌博式的动量交易，你的收益将极度依赖你的运气，这种做法不可取。

（3）勉强自己买股票。

当天自己本不想买股票，只因看了报纸或杂志的推荐便仓促买进，你往往在买进后的当天就会后悔。

（4）看到股票已涨了5%就匆匆卖掉它。

往往在卖掉股票的第二天或稍后它还会继续上涨，因此，依据涨幅百分比来决定是否卖出不是良策，最佳的做法是让股票顺着趋势走，破了趋势才出场。

（5）看到负面消息就立刻卖掉股票。

如果负面传闻最后没有成真，反将促使市场大涨，进而拉抬股价；反过来说，就算负面消息是真的，股票也通常会在消息平息后回涨。

总之，审视与反思自己的买卖模式，并在每次进出市场之后将过程写在交易日志中，可能是改善自己未来交易策略的最佳办法。

3. 你能改变自己吗

如果想从市场获利，你不仅要了解市场，更要了解自己究竟能不能改正错误。

了解自己可能不难，譬如说自己是平易近人型或难以相处型，懒惰型或勤劳型，这些都不难了解。但要从难以相处型变成平易近人型，或要从懒惰型变成勤劳型却很难。又比如，要想少付车辆保险费，就得保持良好的驾驶记录，这是一件人人皆知的事。笔者也深知这个道理，因此平时开车时尽量谨慎，力图改变行车不专心的坏毛病，但想不到去年还是因为行车不慎而产生两次事故记录，今年的车辆保险费因此提高了100%。由此可知，要想改变自己是多么地困难。

4. 如何利用市场心理帮助自己做出买卖决定

短期内，股票价位与盈利的关系主要是由投资者的看法与操作决定的，而不是由其基本面决定。因此，短线交易的盈亏与市场情绪具有密切的关系。2015年5月12日，威瑞森通信公司收购了互联网服务公司——美国在线及出版与媒体巨头——时代华纳，这两家公司在被收购前的离奇故事便是明证。美国在线1992年3月19日的初始发行（IPO）虽仅为价每股11.50美元，但1994年8月初，每股却超过70美元，1999年12月更是达到每股超过90美元（这是它的历史最高价）。

2000年1月，美国在线宣布它将收购时代华纳，基于两家公司当时的市场价，合并（2001年1月11日）后的市场价值将达3,500亿美元，这当然是很好的前景。然而，由于受到互联网泡沫化及2001年9月开始的经济衰退影响，美国在线的广告客户大幅减少，这种情况极大地影响了它的市值。2002年，美国在线和时代华纳向美国联邦证券交易委员会汇报了990亿美元的亏损，此举引发同年8月美国司法部对这两家公司的犯罪调查，美国在线的股票市值从2,260亿美元跌到约200亿美元。此后，到两家公司拆分之前的2009年4月（2009年12月9日完成分拆），其合并市场价值仅为300亿美元。

从上文可知，2000年初，美国在线显然是利用其超高估值作为资本去收购时代华纳。当时，美国在线的股价受到寻找暴利的投资者哄抬，拥有超高的市场估值，使得这么一家成立不到10年的公司的市值竟超过了老牌蓝筹股。不幸的是，合并后的公司状况与预期相差太远，最后导致两家公司分道扬镳。

通过美国在线股价的变动历史可以发现，对于上升中的市场与股票，上涨的股价可能吸引更多的投资者买进，导致估值进一步上涨，最后造成估值极度偏高。相反，下跌中的市场与股票会促使更多的卖家进入市场，使股价进一步下跌，最后形成股价极度低估。这个事实提醒我们，如何抓住买卖机会以及如何降低风险，其要领是不买估值过高且持续上涨中的股票，相反，你应买进已持续下跌一段时间的低估值股票。

市场的泡沫化（股价极度高估）通常是从一个行业开始，然后向其他行业扩散。20世纪90年代末的股市泡沫是从高科技行业开始的。21世纪初，房地产行业则成了泡沫化的领头羊。在市场泡沫化之际，相对估值可能不是合适的投资指南。回顾互联网泡沫时期，当高科技行业股价飙升后，大部分其他股票也跟着被高估，例如可口可乐当时的市盈率曾到达50。

股市是否泡沫化或熊市究竟会维持多久，这些都没有人能预先知道，因此如果你想利用股市泡沫或熊市机会赚钱，就应客观评估股票的真实价值，然后再做出决策，而不要依据相对估值。

5. 你如何看待心理偏差

每一个人都存在心理偏差，为了让日子过得更好，你必须认真去思考这些偏差如何影响自己的行为，以及该行为是否有害，或是导致金钱损失。人

赚钱者的心态

类的这些心理偏差是如何产生的？这可能与基因、地理因素或文化传统有关。譬如说医生父母常有医生儿女，这可能就是基因或文化传承因素造成的。又如硅谷雇用大批计算机工程师，这些工程师固然大部分是从外地迁入的，但本地年轻人受苹果与谷歌等公司的影响，有很多人选择计算机或电子专业，这是地理因素的影响。可以说这些心理偏差的形成，与我们将知识或习惯从过去延伸到将来，或从一个领域延伸到另一个领域有关。只有将眼光放远，心胸放宽，并广泛学习别人的经验来弥补自己的不足，才有可能减少心理偏差。

心理偏差有各种类型，其中过度自信在投资者中是最常见的。过度自信的人通常有高估自我能力的倾向，例如那些酒后仍坚持自己开车回家的人，显然是高估了自己的控制能力，认为自己不会出事。多数情况下，心理偏差是有害的，过度自信当然不利于投资。一个人很难做到信心适中，信心不足的人多半不会进入股市，因此投资者大体就是信心适中与信心过度这两类人，而后者显然比前者多得多。

随着时间的流逝，随着赔钱次数的增多，这些信心过度的人逐渐丧失信心，最后不是花钱找投资顾问操盘就是退出市场，从此不再碰股票。如何矫正信心过度这种心理偏差呢？笔者认为，通过观察和虚心学习可能会有所改善。譬如说，你如果认为买卖股票仅凭技术分析就足够，这就是信心过度，不久你就会发现，有时技术指标显示可以买进的股票，买入后却一蹶不振。这还不要紧，由于买入前你没有进行基本面分析，如果不幸买入了一只垃圾股，可能不是连跌几天就会完事。你如果能从中学到教训，从此虚心学习更好的投资策略，下次就应该能避免损失。

另一种普遍存在的心理偏差是投资者只在有损失时才卖出股票，在股票上涨时才买入股票。从表面上看，以上做法并没有错，但往往你今天才卖出，明天开始它就狂涨不停；或是你今天才买入，明天就开始狂跌不休。要避免这种情况，正确的做法是除非你确定该股票的价格已被高估，否则即使它跌到你的买入价之下，也不应卖掉它。同理，除非你确定该股票的价格已被低估，否则即使它持续上涨，还是不应买进。

6. 买进低市盈率股票前应考虑的一些问题

把心理学应用到股票的买卖决策时，首先应考虑的是：你做这个决定的主要理由是什么，是不是因为该股票的市盈率低呢，还是有其他原因？如果是前者，你应进一步反问自己，买进低市盈率股票是否明智？买入低市盈率的股票，成本虽然较低，但有时要等很长时间才能等到这些价值股翻身的那一天。

最近，《市场观察》杂志的专栏作家菲尔普·得恩（Philp Doorn）写了一篇文章，文内提及他在标准普尔 500 指数的保健品行业中挑选了 10 只低市盈率股票，其中几乎有一半在过去一年的每股收益增长率都是负的，只有吉利德科学公司有不错的表现，每股收益增长率为 113%。吉利德股票的市盈率是 10.38，保健品行业同期均值是 52.95。尽管它有耀人的每股收益增长率，但其价位与一年前相比并无提高。如果你一年前挑了这些低市盈率股票，虽然不会赔钱，但也不会赚钱，这还是最好的情况。如果你挑了保健品行业内其他低市盈率股票，几乎都是赔钱的，有的还会赔很多。并非所有的低市盈率股票都是价值股，在决定买进低市盈率股票之前，必须针对个别股票的基本面下一番功夫，还要做好买进后长期持有的打算。

如果你不介意长期持有（这表示你很有耐性），这时你应继续问自己第二个问题：为什么它的市盈率低？低市盈率股票通常有糟糕的前景展望，不是盈余下跌就是管理层出现问题，或是行业前景不佳。有些低市盈率股票须经多年才能翻身，有些最后可能被迫退市，因此，低市盈率通常意味着较高的风险。如果经过系统性思考后，你还不能放心，但仍有兴趣买它，这时不妨将原先的买入仓位降低2/3，开始时只买进1/3。以后，如果问题逐渐明朗或展望变好，你可以等股价回调时分批再买进。总之，多了解基本面，将有助于评估公司的长期前景，而心理学知识将协助你做出合理决定。

四、难以预测的投资市场

2000年4月14日（星期五）并没有什么足以撼动美国股市的大消息，但道琼斯指数盘中突然狂泄600点，纳斯达克综合指数也狂跌355.61点（跌幅超过9%）。仅在这一交易周内，纳斯达克综指便下跌1,000点，如果从3月10日的高峰点起算，纳斯达克综指整整下跌了34%。这一次的市场崩盘究竟有没有事先预测的可能？且来看看崩盘当天的一些市场迹象。

自1999年6月以来，美国联邦储备委员会（简称"美联储"）已连续加息5次，4月14日这天盘中，有政府官员表示，消费者物价指数（Consumer Price Index，简称"CPI"）在上个月出现了惊人上涨，这一席话立即引发市场担心美联储未来可能更积极地加息，市场应声暴跌。事实上，当天除官方的这一番讲话外，并没有什么新基本面消息出现。然而，连锁效应就像多米诺骨牌一样出现了。这种情形特别容易出现在市场经历过数天大涨之后。道琼斯指数从3月中旬开始自9,800点起涨，到崩盘前两天已达11,287点高峰。其后两天获利回吐，第一天跌162点，第二天又跌201点。跌幅逐渐加大，引起市场的恐慌，至第三天（也就是4月14日），政府官员的另一番讲话再次引起投资者对美联储即将加息的疑虑。这时，有部分人为了获利了结或追缴保证金，急于在科技股进一步下跌前抛售那些估值过高的股票，于是触发了多达600点的下跌。

预测市场是不可能的任务

从上文可知，2000年4月14日之前并无崩盘的迹象可寻，就算崩盘当天开盘时，也没有人会料到当天的收盘情况会如何。因此，企图预测市场时机是一件不可能的任务。2015年9月15日，投资者认为当天公布的经济数据欠佳，美联储可能延迟加息，道指当天收盘上涨228.89点（1.40%）。由此看来，加息与否似乎决定了股市的涨跌，加息则市场下跌，不加息或降息则市场上涨，但有时却又不尽然。数天后（9月17日），美联储决议维持利率标准不变（即不加息）。这意味着在当时的全球经济环境下，企业获利的增长不可能支撑股价维持在当时的高位，因此，股指第二天（18日）又下跌了290.16点。

比较上文的两个日期，只相隔3天，市场对美联储维持利率标准不变的决定却有不同的解读，导致了截然不同的结果。因此，想利用加息与否来预测市场涨跌是不可能的，因为我们既无法预测中央银行的决策，也无法预测市场的反应。事实上，迄今没有人能够在10年的时间框架内准确地预测市场涨跌时机，不管该时机是针对暂时性下跌的修正还是熊市的开始。大多数投资顾问试图通过追踪大量的统计数据和信息来预测市场的变化，这些数据和信息包括：技术指标（例如价量图分析等）、货币政策（利率变化与货币供给等）、基本面（市盈率比值、账面价值、债务水平、股息收益率、股票发行与回购等）、新闻评论、投资者情绪指标与看跌期权比值、经济形势、政治因素等。

以上大部分数据和信息都能在财经类报刊上找到，而且这些报刊都有网络版。因此，投资者只要愿意，人人都能快速接触到股市重要信息。问题是这些信息最终要由人来解读，而这些人则受到其自身观念与心理的影响，进而影响到他们对市场的判断和预测。从这一点看，市场预测的本质实在是"臆测多于科学"。

现在回头再看看发生于2000年前后（即1999～2001年）的崩盘例子，那次崩盘的主要原因是互联网泡沫，大致情况如下：2000年3月10日这天，纳斯达克综指收盘于5,148点的新高，以互联网公司为主的科技股市值当时已经膨胀到了极致。这段时期的新公司，只要名字里有个".com"或"e-"什么的，股价便无往不利，直往上冲。这意味着当时的投资者对市场具有充分的信心，他们认为互联网公司眼下虽是赤字累累，将来必然有好前途。人人都等着大牛市的到来，因此他们一窝蜂地投机，却很少在乎公司的基本面。然而，物极必反，泡沫吹大了必然是要破的。此后，市场经历了长达近3年的下跌，纳斯达克综指在2002年7月下旬及8月初跌到了历史最低的1,200点左右。

一些公司从此消失了，另一些公司在那段时期也遭到严重打击，如思科的股价跌幅达86%，亚马逊与电子港湾的股价从每股107美元下跌到7美元。在那段互联网泡沫破灭的崩盘期，美国股票市场市值总计下跌超过7万亿美元，10年经济繁荣退化为不景气。同期，纳斯达克综指100下跌到其高峰时的83%，许多科技股票的跌幅为其2000年高点时的80%～90%。

试问，在 2000 年 1 月中旬之前，有多少人（包括散户与专业人士）能预测到市场即将崩盘？如果仔细分析，少许精明的投资者可能会发现，在 2000 年 1 月 18 日至 3 月 10 日那段时间，道琼斯指数以相同的动能但相反于纳斯达克综指的方向，从 11,720 点的高峰跌落到 9,929 点的谷底，而代表科技股的纳斯达克综指同期却从 4,130 点上涨到 5,048 点，两者走势有相当明显的背离现象。因此，从技术分析的角度看，科技股早晚要崩盘，这是必然的。但就算能分析到它会崩盘，我们仍无法准确地预测到崩盘的时间。

现实与预期的落差

《市场观察》杂志首席经济学家欧文·凯尔纳（Irwin Kellner）表示，真正对市场造成影响的通常不是经济数据，而是实际数字与原先预期的差距，这种差距也称为惊奇。如果正惊奇的数值大，则股价会大幅上扬或跳空上扬；如果负惊奇的数值大，股价会大幅下跌或跳空下跌。因此可以说，惊奇的大小与正负是促成市场涨跌的原动力，而股市崩盘的实质其实就是"现实比预期坏太多"，或者说"预期与现实的落差太大"。

对各类经济事件做预测的人主要是交易员、投资者与分析师等各类市场参与者，还有财经媒体、民调机构及政治家与评论家等。尽管有专业人士参与预估，但不仅惊奇的大小与正负往往不易拿捏得准，有时还会突然出现意外情况（如埃博拉病毒、极寒的冬季或政治丑闻等）扰动市场，这类惊奇是无法事先预料的，因此市场走势极难预测。

如果投资同一产业，因为股价经常同涨同跌，风险更大，所以投资的股票最好是分别属于不同的产业，以降低风险。

五、一定要避开的投资陷阱

成功的投资者除非有合适的获利机会，否则通常不会轻易动心仓促投资。但现实情况是，你周遭的投资圈子充满了各式各样的诡计与诈骗，总是有人随时准备去利用另一些人，企图从他们身上捞取好处与金钱。这是人类本质的丑恶一面，一些经纪人聪明地利用了这种人性的弱点。当他们联系你并企图用一些话术来打动你，引诱你投资时，你的反应（回答）会如何呢？通过分析自己的反应，你将来应该可以更明智地应付这些人。以下是一些投资者常犯的错误。

共同错误	为何你表现如此
听信经纪人的话，买进一只热门股票	你感觉如果不及时买进，将会错失赚钱良机
容易受到一些专门推荐最新热门行业股票的新闻或信息的影响	你是这样想的："其他人都在赚钱，为什么我不跟着去赚钱？"
相信那些伪装成成功人士的骗子	你将自己刻画为一位成功又富有的人物，正悠闲地站在一座豪宅与一辆豪车旁
在进行投资之前，没有调查基本面	经纪人强调决策速度，同时还灌输焦虑感。让你觉得假如自己不马上抓住这难得的大好机会，将来一定会后悔
被一些华而不实的"专家"迷惑，轻信了他们	你忘了这些人具有说服别人的天赋，或者他们可能是照着一份准备好的脚本行事

每当一个狡猾的经纪人或骗子欺瞒你时,他们利用的是你缺乏理财知识,却对金钱极度贪婪。另一种情况是,你受到配偶、兄弟姐妹、父母、朋友或同事、同乡的影响,不加思索地跟风买入相同的股票。岂料别人因为买得早而买价低,你因买得晚而买价高。总之,听从非专业人士的意见可能使你陷入情绪化。

从某种程度上看,当你在错误的时间陷入一场糟糕的交易时,可以说你不但是受别人欺骗,也是在欺骗自己。这是因为你明知自己没有分辨市场好坏的知识与能力,却相信奸诈的经纪人。同样道理,在不理性的时刻,你追随其他人盲目冲入市场,一旦你有了一点收益,就会更容易相信投机型的投资将会带来高回报。

总之,如果你的胆识和直觉告诉自己"不要做这笔投资",如果这种感觉很强烈,就不要勉强自己去做交易。

> **小提示**
>
> 投资市场充满各式各样的陷阱,作为投资市场一部分的股票市场自然也不例外。落入陷阱的原因大多是自身的贪婪、恐慌或其他非理性情绪。如何避免掉入陷阱呢?这虽然不要求你对行为金融学有精深的研究,但起码的了解是有必要的。行为金融学的要点请见下章讲解。

第二章
人人都要懂的行为金融学

一、洞悉人性的行为金融学
二、经济学与心理学的新领域
三、用行为金融学掌握投资心理

一、洞悉人性的行为金融学

行为金融学是一门熔金融学、心理学、行为学与社会学等于一炉的交叉学科，目的是研究金融市场的非理性行为与投资者的决策规律，或更简单地说，它是一门专门研究心理如何影响金融的新兴学科。通过它，心理因素被引入投资决策领域。或者反过来说，学习投资首先必须洞悉人性，就这一点而言，理财与投资倒很像玩扑克牌，要想玩得好，首先你必须知道何时该坚持、何时该放弃以及何时该布局。

行为金融学以微观个体行为及产生这种行为的心理动因来解释、研究和预测金融市场的发展。它认为股票的市值并不仅仅是由其真实价值决定的，在很大程度上也受投资者总体行为的影响。或者说，投资者的心理与行为对股票市场的价位变动具有重大影响。

作为一门新兴学科，行为金融学可视为是行为经济学的一个分支，同样地，行为学被视为是心理学的一个分支。因此，行为金融学应被视为是心理金融学或心理经济学的一支，它试图以心理学为基础，以社会学及其他社会科学（如人类学与行为决策科学）为辅，来解释传统经济理论无法解释的各种纷乱与异常现象。这些现象包括股价波动与成交量变化等，传统经济理论不能解释它们。

传统经济理论认为，人的投资行为是理性的，将投资者视为理性人。但实际上，投资者是具有各种心理偏差、情绪波动与独立意志的真实人，他们的投资决策与资产估价受到心理因素的严重影响。传统经济理论认为，价格变动主要受基本面各因素的影响，包括经济环境变化及公司运营状况的改变等，而个体与群体的决策过程则不予考虑。这样一来，人的变量在传统经济理论中的重要性被降到最低。与此相反的是，行为金融学提升了人的重要性，而经济变量的重要性则相对降低。

根据行为金融学理论，股价的变动可能源自公司本身价值的改变，但也可能源自个人心理因素对市场评价的改变，或是以上两种因素的结合。因此，对于股价变动或任何市场运行规律，不能仅从基本面来解释，必须把基本面与行为学结合起来，进行综合分析。这种综合分析也是唯一可以合理解释布伦特原油价格自2014年下半年开始连续5个月下跌，跌幅达40%的真正原因。

当时，有人认为利比亚恢复石油出口是最直接的诱因。但是，每天不到100万桶的增量无法解释如此巨量的下跌。事实上，市场是在酝酿了3年之后才出现如此巨大的转变。在这3年中，美国北达科他州矿产资源部、得克萨斯州铁路委员会及美国能源信息管理局等机构发布的月度生产数据早已显示，页岩油生产拥有巨大潜力。然而，当时页岩油的潜在影响却被大多数机构投资者、个人投资者及石油输出国忽视。同期，全球石油需求增长明显放缓，特别是发达国家的石油消费在2005～2007年达到巅峰后，便一直在低谷徘徊。可以说，当时的主流看法与现实（美国页岩油持续增产）明显脱钩。

虽然市场自2011年以来长期维持主流看法，但真实的基本面或现实情形最终证实主流看法是错误的。原油价格的暴跌并非基本面突然发生重大转变，而是由于市场最终将3年或更长时间的基本面数据考虑在内形成的结果。由此可知，基本面研究仅解释了原油价格下跌与市场再平衡，但行为学研究却可以解释为什么调整会在这么短的时间内出现。

行为金融学的两大基石

行为金融学以套利限制及心理学为两大基石，它的两大核心理论是期望理论与有限套利理论。根据有限套利理论，它提出噪声交易模型；根据投资者的心态特征，它提出 DHS[1] 与 BSV[2] 等模型。同时，在有限理性的假设下，它引入了心理学的研究成果，对传统金融理论中的资产组合理论和资本资产定价模型进行修正后，提出行为投资组合理论和行为资产定价模型。

既然行为金融学是以心理学为重要基石的，那么心理学的基石又是什么呢？最简单的说法是它奠基于人类的欲望、目标与动机，此外也包括感知、幻想、过度自信与过度依赖等经验法则。以上种种因素形成的错误与偏见影响广泛，遍及包括个人投资者、机构投资者、分析师、经纪人、基金经理、期权交易员、外汇交易员、期货交易员、财务主管及财经评论员等所有市场参与者。对于包括机构投资者与散户在内的所有投资者，行为金融学的重要意义在于：可以采取针对非理性市场行为的投资策略来实现其投资目标。近年来，美国已经出现了基于行为金融理论的证券投资基金。不但如此，目前

注释：（1）DHS 模型是肯特·丹尼尔 (Kent Daniel)、大卫·赫舒拉发 (David Hirshleifer) 和阿万尼达·萨布拉曼尼亚姆 (Avanidhar Suhrnmanyam) 于 1998 年提出的。它是针对短期动量和长期反转问题提出的一种基于行为金融学的解释。

（2）BSV 模型是由尼古拉斯·巴贝里斯 (Nicholas Barberis)、安德鲁·施莱弗 (Andrei Shleifer) 和罗伯特·维什尼 (Robert Vishny) 于 1998 年提出的。它认为人们进行投资决策时存在两种错误模式：一是选择性偏差，如投资者过分重视近期数据的变化，而对产生这些变化的总体特征不够重视；另一种是保守性偏差，即投资者不能及时根据变化情况来修正预测模型。这两种偏差常常导致投资者产生两种错误决策：反应不足和反应过度。

美国一些重点大学（如耶鲁大学）的金融相关科系都开设了行为金融学的课程，德国的曼海姆大学更是成立了行为金融学院。

行为金融学的重要性大致就是如此。由于传统金融理论的认知缺陷，本书后文在对投资市场存在的异常现象与偏差行为进行广泛探讨之后，将提出合乎行为金融理论的一些新建议。这样做的原因是基于以下看法：行为金融理论认为，人类总是以一贯的心态偏离理性，这使得基金经理人可以利用这种行为导致的异常估价获利。行为金融理论的目的就是避免投资过程中的非理性行为，手段之一是不妨考虑利用计算机动态数量分析模型，制定出合乎投资者个性与财务能力的最低风险投资标准，这就使投资者能在理性条件下有效掌控风险，并获得稳定的利润。

二、经济学与心理学的新领域

行为金融学是一门基于实验与心理研究的经济学科，它与传统经济学有很大的不同，后者被广泛地认为是一门非实证学科。大多数经济学研究都基于各种合理的假设，然而，如今已经有越来越多的研究者不再完全依赖这些假设。他们广泛地收集数据并进行实验，试图使理论上的假设能更合乎实际。这些尝试使得专门研究人的判断与决策的心理学家能与专注于经济理论实验的经济学家合作，形成一门新的社会学科，这就是行为金融学的由来。因此，谈到这门新兴学科，必然会涉及经济学与心理学领域。

经济心理学的诞生

200多年前,在《国富论》一书中,哲学家及政治经济学家亚当·斯密(Adam Smith)阐述了理性地谋求自身利益与竞争如何导致经济繁荣,他认为经济个体是效用最大化的理性人,个体行为是基于理性心理的结果。直到20世纪初,这种观念都一直主导着经济学主流理论的发展。但自那之后,非理性研究逐渐抬头。首先,在1902年出版的《经济心理学》一书中,法国心理经济学家加布里埃尔·塔尔德(Gabriel Tarde)强调了经济现象的主观性,他还提出了主观价值论与心理预期的观点,经济心理学由此诞生。这门新学科强调经济个体的非理性特质及其影响。此后直到20世纪80年代,虽然陆续有经济心理学的研究报告与著作问世,但并未引起世人的重视。这些研究主要侧重于消费者的心理,而此时基于理性心理的传统金融理论仍然居于主流地位。

经济心理学诞生后,在20世纪30～50年代,实验经济学也开始起步,它是一门利用真人实验以测试不同经济理论及新市场机制的学科,可帮助实验者了解市场与交易系统运作的原理。通过方案设计与仿真实验系统,实验者可以了解经济行为的因果机制并验证经济理论。实验经济学的产生促进了现代金融理论及行为金融学的发展,历程大致如下。

1944年,匈牙利裔美国数学物理学家约翰·冯·诺伊曼(John von Neumann)及德国经济学者奥斯卡·摩根斯顿(Oskar Morgenstern)于1944年出版《博弈论》,它是基于个体的一系列严密的理性偏好假设,再运用逻辑和数学工具建立起来的预期效用函数理论。后来,美国经济学者及政治理论家肯尼思·阿罗(Kenneth Arrow)及法国经济学者与数学家杰勒德·德布鲁(Gerard De-breu)将以上理论吸收到利昂·瓦尔拉斯(Léon Walras)的均衡理论框架中。该均衡理论认为,如果一个经济系统中的其余商品处于均衡状态，那么某一特定商品也一定处于均衡状态，意思是总超额需求应为零。从此，预期效用函数理论成为现代金融学中处理不确定性决策问题的分析模式，进而奠定了微观经济学的基础。

1936年，宏观经济学大师约翰·凯恩斯（John Keynes）在其《就业、利息与货币通论》一书中指出，投资行为不能用理论或理性选择去解释，因为经济前景难以预测，投资的冲动要靠"动物精神"，即靠自然本能的驱动。凯恩斯在书中强调心理预期在投资决策中的重要性，他认为心理因素是决定投资者行为的主要因素，由于投资者是非理性的，所以证券价格是由投资者心理预期的各种综合因素决定的。2009年，乔治敦大学经济学教授乔治·阿克洛夫（George Akerlof）及耶鲁大学经济学教授席勒合写的书中，即强调动物精神能促进经济增长，并可在全球范围内推动各种金融事件。

1952年，美国经济学者哈里·马科维茨（Harry Markowitz）发表著名的论文——《资产选择：投资的有效分散化》，建立了现代投资组合理论。它专门研究资产风险与回报，以及多样化投资对投资组合回报的影响。现代投资组合理论的建立标志着现代金融学的诞生。基于以上思路，一连串的标准金融理论相继发展出来，如20世纪60年代的资本资产定价理论、套利定价理论，以及70年代的期权定价理论等。同时，这些理论模型也构成了现代证券基金投资策略的理论基础。

20世纪60年代之后，实验经济学有了进一步发展，其设计和构思不断创新，方法也不断改善，研究结论与证据对传统经济理论形成了严峻挑战。到20世纪80年代初，人们运用计量经济学方法对总体股票市场的股价、红利与所得进行检验，以验证有效市场假说的一致性，结果发现有大量异常现象。从此，行为金融学家们就开始对有效市场假说产生怀疑，有效市场假说的支持者与质疑者之间发生了激烈争论。有效市场假说是现代金融学最强有力的推论，是一个处于完全理性基础上的完全竞争市场的模型。其最基本的理论内涵是：资产的市场价格可以迅速并充分地反映所有相关信息。例如，公司被收购后其股价应该上涨，如果市场是有效率的，则股价应反映公司被收购的这个信息；当公司被收购的消息公布后，股价应较公布前有相应涨幅。这个上涨应是快速的，而不是迟缓的，涨幅大小应能充分反映信息价值，不会出现反应过度或反应不足。

对有效市场假说的强力质疑，其实可以推溯到20世纪70年代末。当时，心理学者卡尼曼与认知与数学心理学家阿莫斯·特韦尔斯基（Amos Tversky）共同提出"展望理论"（也译作"前景理论"），它被用作研究投资者面对不确定情况时进行决策的模型，并用它来解释传统预期效用理论与实证结果的背离。例如，传统预期效用理论无法解释为什么一个人在某些情形下乐于承受风险，在某些情况下却又极力回避风险。此外，个人做决策时并非如传统金融理论所假设的是一个理性的个人，会对所有可能的情况做详尽而可靠的分析，相反，这个决策者常常不能理解自己所面对的情况，因此常会产生认知偏差，并把经验或直觉当做决策依据。这种情形反映到投资行为上，将会产生反应过度或反应不足的现象。而且，个人在做选择时，常会受到问题描述方式的影响而产生不同的结果。以上各种情况在展望理论中都有清晰的论述。

有效市场假说的基础

有效市场假说建立在以下三个观点的基础之上。

（1）投资者是理性的，因此证券价格能被理性地评估。

（2）即使有些投资者是非理性的，但由于他们的交易是随机的，所以能彼此抵消对价格的影响。

（3）如果部分投资者有相同的非理性行为，市场仍可利用套利机制来使价格恢复到理性水平。

20世纪70年代，学术界对有效市场假说的鼓吹达到极点，该学说俨然成为不可挑战的真理。但是，以展望理论为基础的行为金融学在对投资者行为模式进行研究后，对有效市场假说的三个假设基础提出了怀疑。

首先，它认为人往往做出非理性行为，这是对有效市场关于理性行为假设的反制。其次，它认为投资者的非理性决策并非是随机发生，而是常会有从众趋同的倾向，所以不见得会彼此抵消。席勒在1984年的一篇文章中进一步指出，当这些非理性投资者的行为社会化，或大家都听信同样的谣言时，从众现象会更加明显，这表明投资者的情绪化决策不是随机产生的错误，而是一种常见的判断错误。

尽管有部分投资者出现非理性决策，但有效市场假说认为，投资者能从中得到教训，并学到正确的决策策略。塞德希尔·穆来纳森（Sendhil Mullainathan）及理查德·塞勒（Richard Thaler）对这个看法提出异议，他们认为，学习的机会成本可能高过投资者愿意承担的代价。例如，他们必须留在市场中，以不断的交易来测试一个似是而非的策略。由于学习正确策略所需的时间可能很长，多数投资者并没有这样的财力与耐性，因而并没有足够的实际数据来验证学习效果。

有效市场假说认为，套利可以让市场恢复效率，所以价格的偏离仅是短期现象。展望理论则认为，对于诞生于20世纪50年代的标准金融学的套利理论来说，它修正价格的力量往往受到某些条件的限制，这将使它无法发挥预期中的效力。下面，我们来简单分析一下这一质疑。

假设市场有两种投资者，第一种是理性投资者，另一种是假性理性投资者，后者虽努力想做好投资决策，却常常犯错。只有在以下条件下，理性投资者才可能具有套利功能：首先，假性理性投资者不能太多，否则他们将具有支配市场的能力，这将使得理性投资者无力使价格回到均衡价。其次，市场必须允许低成本的做空，而且仅允许理性投资者做空，否则假性理性投资者将可利用做空使价位进一步偏离均衡价。最后，经过一段时间后，资产的真正价值必须公开给所有投资者，否则假性理性投资者未必知道他们对股价的判断出错了，这样一来，他们就不会调整策略，价格偏离的情形也就不会改善。

上述这些条件（或其一）显然很难满足，因此，理性投资者显然不具备套利的功能。套利除了受到本身条件的限制无法发挥预期影响力外，其本身也存在风险，因为对大部分股票而言，我们很难挑选到完美的替代品，至多只能挑选到相近品，这使得套利行为存在风险。此外，投资期限长短也是套利能否成功的关键。由于未来的价格无法预期，如果价格在恢复到预期获利价格之前出现很大的偏离，而这时投资组合面临变现，那么套利将会出现亏损。总之，因为有以上风险，套利无法约束证券市场的价格水平，使它达到有效市场假说的预期。

至此，有效市场假说的三个假设基础都受到了强力质疑。

行为金融学的策略

如上文所述，20世纪80年代以来，与传统金融理论相矛盾的实证研究不断出现，这主要反映在投资策略的改变上，反向投资策略就是一个明显例子。反向投资策略是指买进过去表现差的股票、卖出过去表现好的股票来进行套利投资的方法。一些研究显示，挑选低市盈率、低市值与市净率或低历史收益率的股票，往往可以得到比预期收益率更高的收益。事实上，反向投资策略是针对股市过度反应的反动策略。此外，另一些研究也显示，公司股票分割前后都存在着正的长期异常收益。

另一种行为金融学的投资策略是动量交易策略，它首先对股票收益和交易量设定过滤标准，当两者满足标准时就买进，否则就卖出。美国股市常见的价值线排名策略就是动量交易策略的一种，这个策略其实就是对有效市场假说的否定。

除了以上两种策略外，20世纪80年代后还出现了另外两种行为金融策略——成本平均策略及时间分散化策略。前者是指投资者在股票涨跌之际，应采用分批购进股票的方式以防不测，降低成本；后者是指随着投资者年龄的增长，应逐渐减少组合中股票所占比例。这两种策略都与现代金融理论的预期效用最大化理论明显相背。所谓"现代金融理论"又称为标准金融理论，它以1960年代兴起的金融经济学为主要理论基础，其研究主题为理性假设下的价格评估。因此，这个理论的基础其实是有效市场假说。如前文所述，有效市场假说的三个假设基础都遭质疑并产生了动摇，现代金融理论也有着相同的命运。

20世纪90年代以来，行为金融学家的研究重点，由对有效市场假说的质疑，转到对金融市场有重大影响的心理分析上，开始从个体决策的心理过程方面寻找有效市场假说无法解释的内在原因，为发展中的行为金融学打造理论基础。这一时期的行为金融学有丰硕的研究著述，例如：

1993年　　理查德·塞勒《高等行为金融学》

赚钱者的心态

1996 年　约翰·坎贝尔（John Campbell）、罗闻全及克雷格·麦金雷（Craig Mackinlay）《金融市场计量经济学》

2000 年　赫什·舍夫林（Hersh Shefrin）《超越贪婪与恐慌：对行为金融与投资心理的了解》

2000 年　安德鲁·施莱弗（Andrei Shleifer）《非有效市场：行为金融学导论》

2001 年　赫什·舍夫林《行为金融学》

2005 年　理查德·塞勒《高等行为金融学（第二卷）》

2002 年，史密斯与卡尼曼共同获得了诺贝尔经济学奖。史密斯是经济学家，但卡尼曼是心理学家，这两位学者是实验经济学两个不同领域的代表人物。史密斯是第一位进行系统性经济学实验的学者，他从 20 世纪 60 年代开始就在普渡大学进行市场实验，其研究集中在亚当·斯密所谓的"看不见的手"（即市场机能）究竟是如何运作的。史密斯成功地让大家相信，经济现象不仅能被动观察，经济理论也能主动经由实验来验证。在跳槽到亚利桑那大学后，他开始研发能在计算机上进行实验的软件，并同时致力于发展实验经济学的基本方法论。可以说，是他奠定了实验经济学的理论基础。值得一提的是，由于史密斯认为实验经济学才是经济学各门类中真正的科学，因此他创立实验经济学学会时，就将它命名为"经济科学学会"，其中"经济科学"使用单数名词。该学会的北美地区年会每年固定在亚利桑那州的图森市召开。

前文曾提及，20 世纪 70 年代末，卡尼曼及另一位认知与数学心理学家特韦尔斯基一起合作，共同研究行为经济学，他们研究的重点是人在面临不确定的未来时是否总是理性的。他们从实验中发现，大多数投资者的行为是非理性的，也并不总是回避风险的。投资者在面临损失时，会更加厌恶风险，而在获利时，随着收益的增加，其心理满足程度逐渐降低。经过一系列的实验研究，他们把心理学对于人们如何进行决策及如何犯错的过程改写成数学模型，并将该模型引入到展望理论中，这使展望理论更适合诠释人类行为。

展望理论虽是行为金融理论的代表学说，也的确解释了不少金融市场中的异常现象，包括股票长期投资的收益率溢价、股票价格的异常波动与股价泡沫、股价对市场信息的反应过度或反应不足等。然而，由于卡尼曼与特韦尔斯基在展望理论中并未提供价值函数（即对收益与损失的效用函数）的具体形式，以及如何确定价值参考点，所以他们的理论存在重大缺陷，妨碍了它的进一步发展。

关于卡尼曼与特韦尔斯基的研究，其实可以追溯到20世纪70年代早期。1974年，在《科学》杂志的一篇论文中，他们讨论了启发式偏差。1979年，他俩又在《计量经济学》杂志发表了关于框架依赖的论文。启发式偏差与框架依赖都是行为金融学的主要课题。由于当时还是传统金融理论的鼎盛期，所以他俩的研究成果并未受到应有的重视。1985年，比利时裔美国行为金融学教授沃纳·德·邦特（Werner De Bondt）与塞勒共同发表了题为《股市是否会反应过度？》的论文，它的问世被学术界普遍视为是行为金融学研究的正式开端，同时也标志着行为金融学研究方法与模式的确立。由于邦特等人对包括有限理性、市场过度反应、泡沫化、过度自信与从众效应等关键问题的研究，使得卡尼曼与特韦尔斯基早前提出的展望理论得以进一步发展并被广泛接受。

卡尼曼后来与史密斯合作，他们各自从不同的领域出发进行研究。前者从市场制度出发，从上而下研究不同的制度与交易规则如何影响市场的效率，以及如何引领买卖双方达到势力均衡。后者从个体决策出发，由下而上研究如何导入心理学观念，以建构有限理性的数学模型，测试它能否比原有的模型更可靠地预测经济行为。以上两种不同类型的研究是相辅相成、互相影响的。

三、用行为金融学掌握投资心理

从上文可知，行为金融学产生于对金融市场异常现象的解释，具体地说，是用心理学研究中的人类心理和行为模式来进行解释，这就使得其理论的前提假设更接近实际情况，因此也改变了现代金融理论的基础。目前，成形的行为金融学模型还不多，研究重点还停留在两方面：对市场异常和认知偏差的定性描述与历史观察，以及鉴别可能对金融市场行为有重要影响的行为决策属性。

人类的决策心理是多样化的，如果仅根据一种或数种心理效应来解释特定的市场现象，那是远远不够的。美国经济学家乔治·法兰克福特（George Frankfurter）与美国行为经济学教授埃尔顿·麦高恩（Elton McGoun）认为，行为金融学最终会被现代金融学吸收与同化。这种说法非常值得商榷，因为目前行为金融学的研究论文数量虽不如现代金融学多，且主题比较分散，但其解释金融市场异常现象的能力是实实在在的，它打开了被传统金融理论忽视的决策黑箱，从人类真实的心理与行为模式下手，这是传统金融理论无法取代的。

何况就微观层面而言，如果能掌握投资者心理，那么不仅能认识自己的错误并有效避免决策失误，同时还可以利用别人的认知偏差（有时是犯小错，有时是犯大错）来制定自己的投资策略。通过对投资者心理与资产收益之间相互关系的研究，将帮助我们理解资产定价的因素。此外，就宏观层面而言，对于未来制定合理的证券监督政策，行为金融学也将提供重要的理论依据。我们期盼经济学家能继续将心理学的研究成果应用到金融研究，并建立一个统一且系统的决策心理框架，再根据这个框架发展出完善的行为金融理论。

> **小提示**
>
> 行为金融学较深层理论（如预期效用理论、展望理论、行为资产定价理论及行为资产组合理论等）的探讨并非本书的主题。而且，笔者也希望以最浅显的语言阐明金融市场中最常发生的一些心理现象（如认知、行为偏差，以及恐慌与贪婪等），并说明如何从心态上避免这些偏差的发生，进而成为一个成功的投资者。但在进入这个主题之前，我们先来看两个因贪婪导致的投资悲剧。

第三章

三大投资陷阱——贪婪、恐慌与焦虑

一、亿万富翁男孩俱乐部

二、认清自己的贪婪与恐慌

三、投资者的风险心态

四、投资之前的自我审视

五、比存现金更好的投资选择

六、恐慌与焦虑阻碍投资决策

贪婪与恐慌导致的后果不只是赔钱，更坏的情况也有可能发生。为此，下面的内容对本书读者便有认真一读的价值。当然，读者将来未必会面临相同的境遇，但在任何涉及投资的情况下，如果能时而回想起下面的故事，将有助于保护自身的利益。

一、亿万富翁男孩俱乐部

2015年6月的第一周,中国A股在同一天暴跌后又强力反弹,但市盈率达28倍的港股则相对平静。当时,沪市的平均市盈率达19.7倍,深市为44.5倍,而A股信息科技产业上市公司的平均市盈率则高达51倍。为什么A股估值会有这么严重的分化?原因在于散户占A股投资者总数的80%~90%,而香港散户仅占20%。

牛市通常会吸引更多散户入市,他们认为市场会因低息而一路看好。在5月的最后一周,沪深两市的新开户总数达440万,再次刷新纪录。瑞士宝盛银行的中国市场分析师认为,中国股市的估值完全得不到基本面的支撑,泡沫肯定正在形成。更糟的是,许多散户毫无经验,不知恐慌为何物。这些股民为什么会有这样的心态?说来无非是贪婪两字。A股泡沫的确正在形成,沪深两市受到深港通可能延后等多项利空消息冲击,仅6月16日当天,总市值就蒸发3,966亿美元,2.15亿户股民每户平均浮亏1,618美元。

🔑 贪婪引起的悲剧

无论如何,追求高额利润总是与风险相伴,这的确是不争的事实。下面这件近年发生的案例足以为贪婪者戒:股民侯某,有妻有子,年仅32岁,赌性超强,在A股崩盘前夕,他以本金170万元人民币,利用4倍融资杠杆,全部押在中国中车这一只股票上。不料,两个跌停之后,本金全亏光。为此,

赚钱者的心态

他从 22 楼自家住宅一跃而下。跳楼前，他在股民论坛里留下一段发人深省的话，大意是："离开这世界之前我只是想说，愿赌服输……本想给家人一个安逸的生活，谁想输掉了所有……"侯某有两点投资错误：一是倾尽所有本钱仅押一只股票，二是使用了融资杠杆。融资杠杆并非不能使用，但只有对股市有经验及有足够财力（即赔钱不会影响日常生计）的投资者才适合使用它。至于所有资金仅押一只股票，本来就违反了分散风险原则。中国中车从 6 月 8 日收盘价起算，在 6 个交易日内跌幅高达 33%，市值蒸发超过 3 千亿元人民币（约 485.5 亿美元），被它套牢的不仅有散户，还有一些基金。

第二个因贪婪引起的悲剧事件发生在美国加州比弗利山庄，男主角是又名乔·亨特（Joe Hunt）的约瑟夫·甘斯基（Joseph Gamsky），他可算是近数十年来美国投资界最恶名昭彰的天才型精神病患者。下文用较多篇幅谈他的原因是：

● 希望读者在与朋友交往或挑选经纪人时，务必谨慎判断其人格，这是给自己设立的第一道重要防线。
● 了解自己的人格倾向，如果仅是敢于冒险，但缺乏实际能力，后果将不堪设想。乔一踏入投资界就极度自负，凡事都赌大的（或者说贪婪过度），因而引来无穷后患。后来，因财务漏洞愈来愈大，导致恐慌感与日俱增。最后，他杀人取财，走上了不归路。
● 乔的故事是一个典型的庞氏骗局案例，他用投资者的钱来过自己的奢华生活，并以老投资者的本金来付新投资者的利息。了解这类骗局的基本模式，有助于你避免上当。

以下情节按时间线讲述，利用小标题强调与投资心理相关的主题，借以引起读者的警惕。

1. 精神病患的明显特征

1959年，乔生于加利福尼亚州南部的一个穷困家庭，他是凯茜·甘斯基（Kathy Gamsky）与拉里·甘斯基（Larry Gamsky）的第二个儿子。据学校老师说，他小时候学习成绩优异，同时又不可思议的冷静。这位老师不知道的是，他的这位学生表现出的个性是一种精神病症状。加拿大精神病专家、犯罪心理学家罗伯特·黑尔（Robert Hare）博士指出，精神病患者有一些明显的病症，如不依恋别人、决策时容易冲动、缺乏悔意、善于合理化自己的所作所为、喜欢指责别人、具有超强的操控别人的能力，以及缺乏同情心等。

事实上，乔身边的每个人都注意到他很有竞争力，凡事都讲求完美，要争第一，为达目的有时不惜撒谎。或者说，他善于把棘手情况合理化，使它看起来与先前大不相同。在学校时，他喜欢将自己伪装成富家子弟，借此获得他人的尊敬。

2. 人格的黑暗面

乔的人格特质使他后来成为一个有才华且善于恐吓他人的投资经纪人。凭着聪明与实力，他12岁时获得奖学金，进入著名的洛杉矶大学预备学校——哈佛学校。这所学校的学生大多出自电影演员、制片人或企业家等富裕家庭。在校内，他无法打入这些有钱学生的圈子，但是，因为参加了辩论俱乐部，使得他能拥有丰富的社交生活。有一次，在模拟法庭辩论过程中，他因伪造证据被俱乐部除名，这是其人格黑暗面的第一次显现。后来，乔考入南加利福尼亚大学攻读会计专业，但不久就退学了。

赚钱者的心态

1977年，19岁的他考取了加利福尼亚州注册会计师执照，这一成绩使得乔能到处吹嘘自己是全州最年轻的注册会计师，并借此与哈佛学校的一些有钱校友成为朋友。他向朋友们放风声说，自己即将成立投资俱乐部，专门进行低风险交易，希望大家来加入俱乐部，由他来操盘进行投资。

3. 经纪人的关键心理技巧

1980年，乔的父母离婚，乔跟随父亲来到芝加哥。1981年，乔进入芝加哥商品交易所，成为某投资公司的交易员。工作过程中，他出手非常大胆。表面上，他尽量去做好分内工作，借此说服校友迪安·卡尼（Dean Karny）的父母掏出15万美元，由他代为操盘。此后不久，在一次卖空交易中，乔给公司造成了1,400万美元的损失。关于这件事，他的说法是自己被嫉妒其成功的副总裁算计了。乔因此指责公司，并与公司闹翻了，随即收拾行李回到洛杉矶。

从他离开洛杉矶到芝加哥，再由芝加哥回到洛杉矶，前后约两年时间。这时，他穷到身上只剩下四美元。虽然境况如此不堪，乔却能鼓其如簧之舌，向那些在他身上赔过钱的人保证，他有一个万全之策可以把损失的钱赚回来，而那些人竟然相信了他。事后看来，面对投资者，乔成功地把握了以下关键心理技巧：一方面知道对方想要什么，另一方面知道对方担心什么。

4. 不单纯的投资公司

这些投资者没想到的是，乔收了他们的钱后，却没有将资金登记在投资者名下。为此，乔受到调查，并被禁止在十年内替客户做交易。但乔太了解交易系统了，虽然执照被吊销十年，却无法真正地阻止他。不久，他利用哈佛学校的老同学迪安与本·多斯提（Ben Dosti）召集了一些人加入他的投资俱乐部——亿万富翁男孩俱乐部（Billionaire Boys Club，下文简称"BBC"）。这是一家由乔创立，部分是投资公司性质，部分是社交性质的俱乐部。

从此，乔、迪安与本这三个年轻人每天穿着体面的衣服，凭着能言善辩的嘴巴去向其他年轻人宣扬他们的投资理念。毕竟形象是最重要的，乔用好形象去吸引迪安与本成为合伙人，而这三人之后又用同样的好形象去吸引其他人加入俱乐部。此后，俱乐部业务蒸蒸日上，钱从那些轻信而幼稚的投资者的腰包里滚滚而来。

5. 蛊惑人心，激发欲望

乔喜欢用一套哲学来说服他人，他常挂在嘴上的一句歪理是："只问目的，不必计较手段，一个人应尽一切努力去做有利于自己的事情。从不同角度看，白色是黑色的，而黑色是白色的，一切都取决于你如何看待它。只要有回报，一个人可以心安理得地做任何事情。"

有一个俱乐部会员后来回忆："乔总是能令我们着迷，他善于用充满魅力的方式迷惑别人，他有能力用言语让别人信服他的故事及他的成功，而且相信他会继续成功。"被网罗进投资计划的人在心理上都极度依赖他。乔的方法是，激发他们包罗万象的欲望，如未来将会拥有豪华汽车、漂亮女孩和奢侈的生活等。这样，他们就会追随他去做包括谋杀在内的任何事情。

6. 改变公司目的

乔的终极梦想是将他的男孩们安置在一间巨大的公寓内，作为一个社会团体和企业存在。他知道这需要很多钱，所以他到处找人来投资。为了赚进所需的钱，乔决定让BBC跨入能源领域。他说服发明家吉恩·布朗宁（Gene

Browning）把自己的专利卖给他，好让 BBC 能开发并销售一种他称为"回旋加速器"的机器。BBC 不仅要付给勃朗宁薪水，还要给他购买房子和汽车。这样，乔与合作伙伴就需要更多的钱以支付开销。为此他们环顾四周，急着寻找有意投资其原型机开发的投资者。后来，这些原型机的开发是在一家名为微创的公司主持下进行的。

7. 骗子对骗子

为了达到找人投资的目的，乔必须对外塑造一个更好的印象，因此，他租用了高档办公室，并告诉投资者他赚了很多钱。为了看起来像那么回事，乔将 BBC 包装成既繁荣又忙碌的样子，其实，男孩们并没有很多工作可做。乔没有将投资者的钱用于投资，反之，他将所有吸引进来的钱用于付房租、办奢华聚会，并组建了自己的豪车队。

随着开销急速增加，乔和同伴需要大量能快速到位的资金。就在这时，一个叫罗恩·莱文（Ron Levin）的人声称，他愿意拿出 500 万美元给 BBC 做投资。事情的经过是这样的：莱文是一个曾蹲过监狱的骗子，一个游戏人间、到处混饭吃的家伙。其实，他与乔有很多共同点，可以说是半斤对八两，两人都工于算计，且都绝不吃亏。起先，莱文不愿投给乔一分钱，但乔缠着他不放。最后，乔施出激将法，告诉莱文他已经从别人那里得到一大笔投资。为了让莱文相信，他甚至拿出支票给后者看。莱文看后哈哈大笑，说乔对投资者太轻信了（莱文这句话是在暗示些什么吧）。尽管如此，莱文最后同意他将在某投资公司设立一个 500 万美元信用额度的账户，乔可以利用该账户里的资金来展现自己的投资能力。

乔在最初的交易中损失了 400 万美元，但在后来的七个星期内，他在得到其他经纪人指点后反败为胜，使账户资金增加到 1,400 万美元。莱文随后关闭了账户。但在这之前，乔早已承诺将一半的利润划归 BBC，所以 BBC 的其他男孩们确信，他们将会收到一张超过 400 万美元的支票。为了庆祝这尚未兑现的巨额利润，他们在可以俯瞰比弗利山庄威尔希尔大道的高级社区租了一间超大公寓，大肆庆祝。这天晚上乔得意扬扬，眉飞色舞地高谈阔论，还将新买的豪车与大家分享。

但在狂欢中，男孩之一戴夫·梅（Dave May）还有一点清醒的头脑。对于那笔巨额利润能否真正兑现，他决定拭目以待。不久后，连乔也开始怀疑了，为什么支票久久不到位？他打电话给莱文，但后者不接电话。乔打电话给投资公司经纪人后才知道，原来整个操作始终只是停留在纸面而已，莱文设立的账户只是个模拟账户，里面从未真正存入过一分钱，这完全是一场数字游戏。

事实上，乔后来发现事情比想象得更糟糕。原来，莱文利用乔的成果欺骗他人，他将乔的模拟交易报表展示给另一家投资公司，因此获得可观的贷款。显然，莱文这个骗子技高一筹，骗了另一个骗子。

8. 庞氏骗局

莱文事后对乔说，他已利用贷款在芝加哥买了一处购物中心，他将给 BBC 应得的份额，这一承诺顿时让 BBC 全体男孩的心情从绝望中起死回生。但乔很快发现，并没有所谓的购物中心。乔不打算接受被骗的事实，现在他深陷财务困境，外加一颗伤痕累累的自尊心，他不得不告诉同伴们真相。BBC 的一名成员后来陈述，乔在告诉男孩们真相之后曾补充了一句，有一天他将干掉莱文。

这时，迪安向乔推荐 BBC 的保安头头吉姆·格雷厄姆（Jim Graham），实际上他的真正名字是吉姆·皮特曼（Jim Pittman）。吉姆肌肉发达，自称曾打过职业橄榄球，并赢得过举重比赛。他为逃避重罪指控逃出特拉华州，熟悉枪支与爆炸物。

大约就在这个时候，有一个男孩想通了一件事，即BBC一个月的开销大约是七万美元，但他并没有看到每月有七万美元进账。他意识到，乔是在用投资者的钱去支付每月开销。很显然，事态正在恶化。

9. 策划谋杀

乔的压力愈来愈大，他想该是逼迫莱文至少支付一部分钱的时候了。他决定在迫使莱文签署一张付款支票后就杀了他，而自己将在莱文家中留下一份微创公司的合同。除此之外，他还炮制了许多双方关于账户交易的往来信件，以形成书面记录，而这些文件都将被放在莱文的房子里，以解释他为什么会拥有那张巨额支票。乔一向是个做事有条理的人，他将整个杀人计划依优先级制成一份长达七页的手写列表，其中包括以下一些关键事项。

```
吉姆挖大坑
乔9时整到达，让吉姆先进去
关闭百叶窗
用胶带封嘴
扣上手铐
杀掉狗
```

按计划是先请莱文吃晚餐以示友好，这让他们双方能有见面商量的机会。然后，吉姆将带着一把枪抵达莱文的住处，要求他交出欠乔的钱。乔准备告诉莱文，吉姆是个黑手党职业杀手，如果莱文拒绝签署一张巨额支票，吉姆会杀了自己与莱文。一旦他们（指乔与吉姆）得到支票，下一步就是收拾莱文的行李，然后吉姆带着行李去纽约，并使用莱文的信用卡入住旅馆，制造莱文曾去过那里的假象。

10. 执行计划

1984年6月6日星期三，乔与吉姆开始实施这一计划。他们先得到了莱文签署的一张金额150万美元的支票。然后，给莱文扣上手铐后将他带进卧房，他俩让莱文俯卧在床上的白色被子上，之后其中一人（至今无法确定是谁）开枪射杀了莱文。随后，他俩将尸体裹上被子，拽到屋外，塞入一辆宝马汽车的后备厢。两人一路开车将尸体带到索莱达峡谷，在那里弃尸是乔的主意。这个峡谷距洛杉矶约一小时车程，他经常去那里打猎，早就注意到有一处很隐蔽的垃圾场，将任何东西或任何人丢在那里都不会被发现。

迪安后来作证说，乔曾描述他们在峡谷干了另一件恐怖的事，那就是朝尸体脸部开了很多枪，使它无法辨认。乔的冷酷描述使迪安久久无法忘记。

11. 查无实证

随后吉姆去了纽约，而乔则试图兑现支票。他在莱文家留下了合同与信件，所以此刻他非常放心。但他万万没想到的是，那份手写的任务列表竟然也被一起遗留在了那里。吉姆刷爆了莱文的信用卡，惹了大麻烦，他试图从纽约中央公园附近的豪华酒店逃离时被警察当场逮捕。乔只好飞到纽约把他保释出来。稍后，乔得到了更糟糕的消息：莱文的支票被拒付，理由是账户里根本没有钱。

乔私下曾与迪安详谈过事情的经过，后者虽然很震惊，但并没有劝说乔去自首。但事情还没完,在形势逼迫下,乔不得不跟俱乐部其他成员再开一次会,讨论莱文这件事。参加会议的人(共八人)都是乔精心挑选,认为可以信得过的男孩。乔在会议中将谋杀案的情节泄露给这些人,他得意忘形地告诉他们,这简直是一桩完美的谋杀案,至少是他自我幻想中的完美犯罪。

那几个男孩似乎都支持乔。戴夫虽然没有参加会议,但却听到了一些风言风语。他向父亲承认,与乔混到一起是一个巨大的错误,并寻求父亲的帮助。其父很快就请来一位律师。律师指出困难:没有人证,没有尸体,没有文件证据,没有失踪人口报告,而乔一向善于狡辩,他们必须拿到一些确凿的证据,如文件之类,然后才能报告警方。

12. 另一桩凶案

为了提高士气,乔举办了一场奢华舞会,并用两万美元购买了十辆摩托车。看着这些摩托车,男孩们很快就忘记了他们要面对的真正问题。后来,莱文的父亲要求警方调查他儿子的失踪案。莱文因诈骗、窃盗和其他刑事案件,早就在警方那里累积了厚厚的案卷。在警方看来,这个骗子可能随时会让自己失踪,这不足为奇。所以,他们只是耸耸肩,根本不将莱文父亲的要求当一回事。

不久之后,BBC 的男孩们发现了另一个目标。事情是这样的,在莱文被谋杀后不到两个星期,因为认识俱乐部的一位男孩,伊朗移民青年雷萨受邀参加 BBC 的舞会。这场舞会使雷萨印象深刻,他因此决定加入 BBC。雷萨在舞会中谈到他的父亲希达亚特,说他贩卖鸦片发了一笔大财。这番谈话引发了代号"山姆计划"的绑架阴谋。

由于希达亚特正要动身去欧洲旅行,男孩们只好仓促行动。他们可以利用被害人预定要远行的事实,消除别人对他失踪的怀疑。7月30日,他们将计划付诸行动，绑架了希达亚特后将他塞进一个箱子。万万没想到的是，因为箱子不通风，被害人被闷死了。

乔、迪安与本只好把尸体载到一处他们租来的房子里。当晚，几个人就在箱子旁边吃晚饭，一边吃一边想着下一步该怎么办。饭后，他们把尸体从箱子取出来，用篷布包裹住，然后丢弃到索莱达峡谷。迪安回忆说，他看着尸体滚落到谷底，觉得今晚的所作所为很恶心。

13．证物现形

乔等人以为他们可以伪造希达亚特的签名，并顺利地从他的账户取钱。然而，事实证明雷萨夸大了他父亲的财富，乔等人找到的大部分国内账户不是存款很少，就是空账户。

乔和本准备带着伪造的赠予文件到瑞士去接收希达亚特的资产，当他俩动身出发时，戴夫找到了一些犯罪相关文件并交给了警方，这样，莱文的失踪案件终于引起了警方的重视。但警方这时认为，针对乔的指控还没有充分理由可以立案，侦探莱斯·策勒（Les Zoeller）决定到莱文家搜查，看看能否找到一些证据。

最后，莱斯终于发现了微创公司的合同，但更有趣的东西是莱文父亲交给他的七页手写任务表。莱斯一看这份手写任务表（后来证实是乔的笔迹）就明白了，这显然是一份谋杀步骤表，其中最后一页写着"杀死狗"。很明显，"狗"就是指莱文。

这份重要证据可以将乔和吉姆同谋杀案联系起来。莱斯在戴夫的电话录音机里留言，希望他回电话。心中早已忐忑不安的乔这时正在戴夫的公寓里翻找，希望能找到失踪的文件，正巧听到了莱斯的留言。他意识到戴夫出卖了自己。

14. 天网恢恢

乔试图引诱戴夫与他在存放回旋加速器的仓库见面，但后者担心安全，拒绝前往。乔立即将他踢出 BBC，并没收了他的车子。但这并没有让戴夫回心转意，毕竟命比车子重要。乔接着打算犯下更多罪行，包括谋杀一个女孩来陷害戴夫。接着，他向男孩们详细介绍了一个消灭戴夫的计划，这使得 BBC 男孩们开始怀疑，乔是否疯了。

乔的犯罪故事终于进展到了尾声。1985 年 12 月 8 日，他正式被法庭指控；1986 年 11 月 13 日，法庭开始挑选陪审团成员；1987 年 4 月 27 日，法庭就莱文一案判决，乔的一级谋杀罪成立，他将蹲一辈子牢房，不准保释。这一年乔 26 岁。而有关希达亚特的案子，1992 年 4 月 14 日开始庭审，12 月 10 日终止审理。尽管如此，乔须老死监牢的命运是逃脱不了的。

乔与侯某代表了两种极端人格，前者强势，后者弱势，前者杀人，后者自杀，最后结局都是失去所有，而这一切都源自贪婪与恐慌。

二、认清自己的贪婪与恐慌

从上文的案例我们知道，故事主角乔的问题出在贪婪，不管哪笔投资他总是希望赌大的，而在受骗后面对他的俱乐部成员时，他又心生恐慌，不知如何处置，最后竟想靠连续杀人来摆脱困境。

2004 年，巴菲特在伯克希尔·哈撒韦公司的年度简报中写道："如果想抓住股市入场时机，就应该在别人贪婪时保持恐慌，而在别人恐慌时保持贪婪。"可见，贪婪与恐慌是一对孪生儿，它们相随相生又互相遏制。

有人认为贪婪是七宗大罪之一，而且是最恶的罪之一；有人认为贪婪是所有邪恶的根源；有人认为贪婪是人类所有失望与痛苦的根源。贪婪真的是一无是处吗？从亚当·斯密到米尔顿·弗里德曼（Milton Friedman）的经济学家们都认为，贪婪是不可避免的，从某些方面看，它是推动资本主义发展的原动力。在一个受到适当监管与资源配置均衡的经济体系里，贪婪有助于促进体系扩张。对投资者来说，贪婪导致草率的决定，以致因过度交易、追高买进，以及调查功夫不足而蒙受损失。大体来说，贪婪是各种因素融合的结果，这些因素包括：对获利的欲求、追求机会的强烈冲动与对风险的漠视等。

贪婪与风险

对风险的漠视固然会导致贪婪，但反过来说，贪婪也会导致对周遭风险的漠视。回顾2008年的金融危机，很多银行不遵照信贷标准来审核，在未审核申请人的实际收入之前，就贸然批准房贷（有些贷款比例甚至高达100%）。保险公司则贸然投资自己不熟悉的产品，机构贷款规模远超自身偿还能力。而美国政府则刻意制定出鼓励民众疯狂买房的宽松政策，次贷危机与经济衰退因而发生。

危机期间，很多人失去工作，还不上房贷，房子遭银行收回，因而发生了不少悲剧。其中发生在美国华人圈的一起案件尤其引人注目，悲剧发生的原因在于当事人太贪心，却又不知如何正确投资。事情的原委大体是这样的，当时硅谷的一位工程师，47岁的吴某为了筹划未来儿女教育费及养老金（这是据他在法庭的自述），与太太两人从金融危机爆发前的2004年开始，通过银行贷款，在三个州陆续买进19处房产与地产（投资额约240万美元），经济压力相当大。2008年，信贷危机爆发，房产大幅贬值。这年11月14日，

赚钱者的心态

吴某被所在公司解雇。当天下午他回公司谈判，谈判破裂后，开枪杀死公司三名高管，最后被判终身监禁，不准假释。

吴某的悲剧与前文提到的侯某的悲剧有许多共通之处，两人都是在贪婪的诱导下进行高杠杆操作，一旦行情走反，立即风云变色，全盘皆输。如果当初两人对杠杆操作的风险能有一定的认识，下场应不致如此。

从投资行为来看，贪婪对投资收益确有不利影响。然而，作为人类最常见的行为之一，要戒除贪婪却是极为不易的，这也许可以通过自我反思或自我调控来进行管理。从长远来看，真正有利于投资者的决策通常是在冷静的情绪下完成的。事实上，在究竟应该为目前还是为将来打算之间，投资者常常面临两难抉择，许多决定需要反复权衡，从中挑选一个对自己最有利的方案。例如，"我应该买一台新音响，还是将钱用来投资"？这就是所谓的自我反思，它是在一个人的两个自我之间互动的问题。

所谓两个自我，指的是规划者与实干者。实干者希望现在就做而非未来，而规划者则希望未来再动手而非现在。由于人们受到长期预期与短期情绪因素的共同影响，所以愿望与意志之间的冲突总是会发生。例如，大多数人宁可立即获得50美元，也不愿在两年内获得200美元。或者比较四年内获得50美元与六年内获得100美元两种选项，虽然后者回报率较高，但多数人都会选择前者。人们注重短期收益的现象说明，现在与未来在他们心里具有不同的权重，而这会导致短期欲望与长期意志这两种心理现象的冲突，前者反映短期时间框架，后者则反映长期时间框架。

多数人都想借助自我控制及执行决策来获取未来的长远利益，但由于短期欲望强于长期意志，所以有必要使用多重方法来强化后者。行为金融学专家约翰·诺夫辛格（John Nofsinger）将这些方法分成经验法则及环境控制两类。首先，人们利用经验法则控制自己的行为，而这些法则是在意志力高昂或情绪稳定时规划的。当情绪高亢且愿望强烈时，人们会依赖这些法则去提醒自己如何发挥意志力。

以下是几条常见的经验法则。

- 如何控制开支：与挥霍欲望抗争。
- 如何戒酒：一滴不沾。
- 退休族如何控制开支：不动用养老金本金。
- 投资者如何控制其交易行为：买低卖高。
- 在熊市阶段投资者如何维持长期展望：坚持到底。

除了经验法则，人们也会通过控制周围的环境来增强意志力，通常的方法是从周遭环境中移除那些容易引起欲望的东西，或是避免那些容易导致自我控制问题的情形发生。例如：

- 如何节食：屋子里不放零食。
- 如何避免赌博成瘾：不去拉斯维加斯。
- 如何避免总是迟到：把自己的手表拨快10分钟。

一般来说，贪婪是牛市阶段的主要情绪，而恐慌则是熊市阶段的主要情绪。当市场上涨时，投资者的展望也会随着一起上涨。换句话说，市场指数虽已走高，但投资者却期望未来进一步走高。从20世纪90年代末以来，股票市场9.5%的总回报率已被看得稀松平常。在1990～1995年，甚至连标准普尔 500 的 14.5% 的总回报率也不被一般投资者放在眼里。当时，很多投资者已经开始讨论 30%～40% 的回报率了，仿佛一切事情都在他们的预期之中。当时，蒙哥马利共同基金的股东民意调查显示，十年期的展望是每年回报 30%。然而，一旦市场开始下跌，恐慌气氛将弥漫开来，这种气氛一旦出现，人人心中无不兴起一股厌恶损失与风险的心态。

三、投资者的风险心态

  投资者恐慌的原因是什么？当然是怕冒赔钱的风险。风险究竟是什么？现代投资组合理论将风险定义为股价的波动。但巴菲特却不这么认为，他认为股价的日常波动并非风险，股价下跌是在降低风险，同时提供了买入良机。在巴菲特心中，企业的真实价值才是风险。他认为风险与投资时间框架紧密相关——"如果你今天买股票时就打算明天卖掉它，那么你就是在从事风险交易。然而，如果你的投资时间框架是数年，那么你的交易风险将会降低。因此，如果你问我，今天买可口可乐公司的股票而明天卖掉它的风险会有多高？那当然是很高的。"根据巴菲特的观点，如果今天买进可口可乐公司的股票并持有十年，那么，这笔投资的风险几乎是零。

  巴菲特的风险观点与现代投资组合理论不同，按照后者的说法，一个广泛多元化投资组合的好处是缓和个别股票价位波动的风险。但是，巴菲特则用长期投资时间框架来消除价位波动的风险。如果你不去关心短期价位波动，那么你同样会看到多元化投资组合能表现出非凡的一面。然而，能做到不去关心短期价位波动的人毕竟不多。

为何投资者无法长久持股？原因之一是他们厌恶损失。还记得吗？当年多丽丝天天缠着弟弟卖掉他们共同投资的股票，原因是这只股票的价位在下跌。最后，巴菲特受不了纠缠，只好把这只股票卖了，仅赚得少许利润。很显然，股价下跌引发的情绪问题同样会出现在其他许多投资者身上。这种厌恶损失的心理是大多数投资者无法成功应用巴菲特式投资方法的最主要原因。

厌恶损失的心理特征是由特韦尔斯基和诺贝尔奖得主卡尼曼共同发现的，其大意是说，如果数额相同，投资者因损失而感受到的痛苦要远重于因获利而感受到的喜悦。许多实验证实，投资者通常需要两个单位的正心情才能抵消一个单位的负心情。换句话说，大部分投资者都不愿冒风险，除非潜在收益是潜在损失的两倍，这就是所谓"非对称的损失厌恶"。

将这种心理学观点应用到股市，其含义就是：投资者因损失某金额所产生的痛苦两倍于他获利某金额产生的喜悦。由此引申，厌恶损失对投资决策的影响是很明显也很深刻的。比如，投资者都愿意相信自己已经做出正确的决策，因此，当出现亏损时，他仍然执迷不悟，心存侥幸，以为很快就会有转机。在这种情况下，亏损股总是握着不卖，以免直面自己的失败。总之，厌恶损失的心理会造成投资者过度保守。

亏损股握着不卖固然会扩大损失，但在恐慌状态下卖股又会怎样呢？

四、投资之前的自我审视

一般投资者都没有像巴菲特或约翰·邓普顿（John Templeton，著名投资人、商人与慈善家）的气魄与眼光，这两人将市场下跌看成是买进股票的

赚钱者的心态

良机，而一般投资者则是争先恐后地抛售。美国行为金融学家塞勒也曾指出，一块钱的损失在投资者心中的分量相当于两块钱的收益。这种对金钱损失的过度关注，或许可以解释熊市阶段的恐慌。当开始赔钱时，各种负面情绪都活跃起来了，例如"我就不应该买任何股票，像我这种人根本就不该进入股市""我早就知道这种事终将发生，老天正在惩罚我"。以上这几种自怨自艾的想法在熊市阶段是最常出现的，它们无助于改善现状，却会增加挫败感，促使投资者做出非理性决策。

加州理财规划师彼得森说，2011年市场行情大跌时他很害怕，于是将账户里的大部分资金挪到了安全可靠的债券基金账户，结果在股市行情快速反弹之后，这足足让他损失了几万美元，悔之晚矣！

厌恶损失情绪的产生与精神分析理论非常一致，它断言，损失是最能瓦解自我意识的因素。在熊市阶段与恐慌相伴的另一种情绪是羞耻感，当投资者损失金钱时，特别是当这些钱是生活所必须时，强烈的羞耻感就会油然而生。这种现象在投资史上的一个著名例证，是麦哲伦基金散户股东的触目惊心的收益记录。

在1980年至1992年间，麦哲伦基金每年的总回报率是惊人的29%。然而，投资研究机构晨星的一项引人争议的研究却指出，这12年间散户股东是赔钱的。为什么会有这样大的反差？很明显，这是因为散户股东的基金平均持有期只有七个月。这可能意味着，这些散户股东们是在市场气氛最乐观的情况下买进基金，然后当市场进行调整时，就因不愿蒙受投资失败的羞耻感而卖掉基金。

投资者的羞耻感间接地也与旁人的闲言碎语有关，如张三说："我就知道如果你买了它，迟早会赔钱。"李四也可能冷言冷语地说："就算放在银行定存，也好过在股市被割。"

🔑 投资之前的自我审视

由此看来，在市场剧烈波动、人心惶惶、神经紧绷状态下，面对自己的长期投资，备受折磨的投资者往往会做出不适当的调整，甚至于恐慌性抛售。而这种追求一时心安的冲动行为，结果往往都是赔钱。因此，真正的长期投资者不应总盯着市场（意思是不频繁交易），特别是当市场有短期大幅波动时更应如此。问题是，我们常会忍不住对市场偷瞄一眼，而且往往瞄得不是时候。如果你的确有调整投资组合的冲动，应该先确定自己真的不是因恐慌而乱来。

《市场观察》杂志的专栏作家查克·贾菲（Chuck Jaffe）建议投资者在调整投资组合时最好先问问自己下列问题。

- **如果市场没有波动得这么厉害，我会这样做吗？**
  如果你现在做决定的理由是让自己感觉好一点，那么迟早有一天，这个决定会让你后悔。

- **如果行情比现在平稳，我还会这么做吗？**
  行情时时在变，没有人能知道收盘前或明天或下个星期，行情是否会变得平稳甚至更糟糕，因此，目前最好按兵不动。

- **这是一种资产配置的长期性调整，还是短期性的临时操作？**
  长期性调整就意味着你要准备与自己的新投资长期共存，而不管环境有什么样的变化，长期投资不应是恐慌下临时做出的决定。

- **如果我做了这种调整，最坏的结果会是什么？最好的结果又会是**

什么？

问问自己，自己的判断是否会出错？如果出错该怎么办？

● 如果我什么都不做，那么最坏的结果会是什么？最好的结果又会是什么？

维持现状可能会让你心慌意乱，但如果你做出改变，结果是否一定会更好？如果没有把握，那最好按兵不动。

除了这些问题，投资者在将决定付诸行动之前，最好多给自己五分钟缓冲时间，看看五分钟过后是否还会维持原来的想法。如果你最后决定抛售或改变投资组合，那就应该尽量买管理费用低的基金，而不应抱着现金不放。

五、比存现金更好的投资选择

2016 年，一家投资顾问公司的理财规划师兼创办人访问一位潜在客户，他注意到她的所有可投资资产都是现金。当问到原因时，那位女士说，她觉得股票市场价位太高了。那时，自 2009 年 3 月开始的牛市已经持续了 7 年，每位投资者都不免提心吊胆，大家或多或少都在投资组合中增加了现金的比例。但把所有现金都放在自家床下或存进银行，则大可不必，毕竟当时的市场仍属多头，而熊市须经过长期酝酿，并非一天就能形成。从技术分析的角度来看，必须有多个技术指标同时印证，才能确认熊市的到来。

以美国市场的情况看，当下列情况之一或数种同时出现时，也许就是你应认真预防熊市的时候了。

- 多数股票忽然开始下跌，或是新高愈来愈少，而新低愈来愈多。
- 一场自然灾害或战争引发市场恐慌下跌。
- 利率跳升。
- 利率长期持续保持低迷。
- 通货紧缩威胁。
- 通货膨胀明显加剧。
- 政府财政危机爆发。

熊市的到来

熊市不是一天之内形成的，也不是股价改变趋势就意味着熊市到来。通常情况下，主要上升趋势发生改变有两种可能性：一是市场仅仅在修正，二是市场进入熊市。这两种市场状态的区别是，如果市场下跌5%～15%后恢复上升动力，我们就称这个情况为市场修正。当市场修正时，平均指数及个别股票往往会发生快速而突然的下跌，下跌时成交量往往会减少。如果市场试图反弹但失败了，然后继续下跌，最后总跌幅达25%～30%，我们就称它为周期性熊市。如果市场在一段较长时期内的持续跌幅达45%～50%，我们称它为长期熊市，这个类型的熊市在历史上并不多见，但2008～2009年就曾出现过。在2008年的前三个季度，道琼斯工业平均指数总跌幅达18%，在第四季度市场又跌了19%。2009年第一季度下跌加速，到3月5日市场再下跌25%，跌至新低点。

当然，投资者并不知道市场底部是否到达，他们只知道市场已经连续下跌超过一年，而且总跌幅超过了50%。这时，散户们会做出怎样的决定？他

赚钱者的心态

们中的大部分都在市场顶部买进了股票，现在，他们没有再度买进，相反地，他们却在靠近或是就在市场底部卖出了股票。后来，即使到了2012年，这批散户投资者仍然不敢再买进股票。可以说，在市场产生大振荡的时候，散户投资者的情绪特别不稳，焦虑使他们无法明辨买卖时机。

金融危机最具破坏性的后果并不是多达50%的暂时性下跌，而是那些投资者在惊恐中抛售了股票，并且在此后的六七年中不敢再入场投资，那才是真正的无可弥补的损失。投资者应将市场的上下波动看成是一种常态，如果你害怕它，你就不应该留在股票市场。就像前面提到的那位女士，她的心安来自银行的定期存款。如果理财规划师就算是基于一片好心，试图将她从现金储户转变成股票投资者，那对她的伤害恐怕更大。因为这将使她非常焦虑，日夜不得安宁。但她没有想到的是，把当时的银行定期存款利率与通胀率比较，她正天天蒙受损失！

世界是复杂的，不确定及动荡的未来应被视为常态。对此，我们确实是无能为力，只能适应它，慢慢也就习惯了。当市场形势让你除了感到恐慌还是恐慌，投资者肯定信心低落。这时，你应该更加专注于构建一个良好的投资组合，采取稳健的投资策略，并保持长期的耐性与专注，这将帮你坚持下去。在这种时候，严格自律的投资者会获得更好的机会去利用暂时性的市场波动。

如果你想成为一个成功的投资者，就不要将那些你无法控制的事情放在心上，而应将你的时间和精力用在你可以掌控的事情上。例如，你无法控制你的投资组合表现，但你可以选择适当的资产配置，还可以选择低风险性基金或交易型开放式指数基金（Exchange Traded Fund，简称"ETF"），这样，你就能控制那些你可以承受的风险。相关策略解说如下。

1. 选择低风险性基金或 ETF

单独一只股票的成长性高，但波动性与风险也大，选择低风险基金或 ETF 可降低波动性与风险，但相对地，成长性也较低。美股在 2015 年 10 月末回到高价区，无法承受风险的投资者不妨考虑挑选风险系数（β 值）较小的基金或 ETF 进行投资。在投资行业中，β 值通常被用来度量证券的风险程度，测量投资组合随着股市变化的程度，例如，$\beta=1$ 表示投资组合紧密跟随市场波动，即其风险与市场相当；$\beta>1$ 表示投资组合风险大于市场风险；$\beta<1$ 表示投资组合风险小于市场风险。例如，标准普尔 500 低波动指数基金的 β 值是 0.77，这表示它的涨跌幅度比代表美国股市的标准普尔 500 指数还低 23%。

2. 适当的资产配置

所谓资产主要有五种，它们是股票、国债、商品、房地产与现金。资产配置要考虑的就是，利用它们不会同时上涨或下跌的特性来进行配置。对多数投资者来说，只要将股票与国债做适当配置，就会有良好效果。例如，2000～2003 年，美国高科技股下跌 50%，但国债却上涨 33%。又如，2009 年金融危机期间，美股下跌 37%，国债却上涨 5%，这一涨一跌再加上适当的百分比，就可以把风险控制在可承受的范围内。

话尽管这样说，但许多投资者在市场产生大幅波动时仍然无法安心，由于恐慌与焦虑，常常做出冲动的决策，为什么会这样呢？

六、恐慌与焦虑阻碍投资决策

与恐慌相伴的另一种常见情绪是焦虑,它是指针对迫在眉睫的事件或不确定的结果,心中产生忧虑、紧张、神经质或不安的感觉。在投资过程中(特别是在熊市阶段),由于时时充满不确定性,因压力而导致的焦虑似乎伴随着每一个投资决策而产生。据心理学研究,当面临强烈焦虑时,人们常常暴饮暴食、抽烟,或消沉颓废,而这将提高坏胆固醇水平,降低好胆固醇水平。

焦虑会引发恐慌、迷信与心理冲突,以致削弱理性思维,扭曲日常决策。它导致从逻辑性、理性思维到情绪性、直觉性、冲动性反应的退变。情绪上出现焦虑现象,是因为我们可能感到忧虑与不确定感、自卑、无助、噩运临头,以及自己的无能为力等。

焦虑的体现

一般来说,焦虑以数种方式体现。起先,我们可能会变得易怒、不耐烦、自闭,或是出现如颤抖、哽咽、胃部痉挛等症状。主观上看,焦虑会干扰我们解决问题所需的逻辑力与判断力等。

处于焦虑状态的投资者,会更容易受到"魔法思维"的影响,也就是刻意模糊主观愿望与现实情况的边界,尤其是在缺乏(或仅有少许)真实信息以解释上市公司热点事件或股价的下跌时,他们将会倾向于捕风捉影,并且喜欢接受最容易得到的信息。焦虑再加上真实信息的缺乏,将导致投资者把其内心的臆想强加于外部现象，然后演变成对自己的臆想的偏信。这种情况横行于互联网世界，股价操纵者常利用这种人性弱点在市场散布不实消息，以拉抬或打压股价，从中获利，而投资者则吃尽了恐慌与焦虑的苦头。

虽然恐慌与焦虑是两种几乎同步（往往同时发生）的情绪状态，但要清晰区别它们的确很困难。总的来说，恐慌是一种忧虑状态，它专注于现实的危险，为了避免恐慌，我们可以制定一项应对计划。焦虑却不然，它可能导致我们夸大现实的危险，进一步唤起非理性反应，或是否认那些我们本应该去关注的危机。

长期历史记录显示，股票市场有2/3的时间是处于上涨状态。由于市场走高的时间居多，大部分投资者与基金经理的固有心态都是信心满满，这种心态从长期（至少5～10年）来看自然是对的。但因市场随时有短期波动，并存在牛市和熊市周期，如果没有正确的投资策略及充裕的资金，当市场回调或步入熊市时，想要沉得住气是不容易的。一次突然的市场动荡，往往就可能摧毁我们的乐观市场预期，进而滋生焦虑。这种突然的未预期的下行振荡，不管是整个市场或个别股票，都会引发投资者的焦虑。

空头市场通常会滋生恐慌气氛，而修正则会引起焦虑。前者是一种面对公认危机时的忧虑状态，这种危机能被实质评估，并以理性行为来反制它；而后者是一种弥漫性的紧张状态，它不仅无法产生理性行为，而且常引起过度紧张，导致不合理的反应。因此，焦虑是一种比恐慌更具破坏性的心理问题，它常出现在市场（或个别股票）的突然大幅下跌的时候。这种类型的焦虑常促使我们在股价的修正形态（可能是三角形、长方形或其他形态）底部卖掉持股。焦虑也可能扩大危机感，更糟的是，它会使一些投资者非理性地否定危机的存在。

例如，历史记录一再显示，当股票跌破强大的支撑线后，通常会反弹至靠近（或触及）支撑线后再继续下跌，这个时刻正是最后的逃生机会。但很不幸，焦虑会使一些投资者对危机视而不见，以致轻易放弃这个机会。

前文提到焦虑会干扰我们的投资决策，具体来说，这种干扰主要是来自焦虑引发的两种心理现象，曾任教于哈佛大学医学院的心理学家理查德·盖斯特（Richard Geist）称它们为局部思维及认知消退。

1. 局部思维

局部思维是由股市振荡导致的共同反应，在心理学上被描述为理性思维过程中专注力弱化的现象。这时，我们很难去清晰地思考一件事情，结果就是把局部当作全局。

例如，投资者约翰在 2007 年年中以每股 35 美元买进了 500 股美国快捷药方公司，他本以为股价会持续走高，但想不到自从买进后，股价却进入长达近九个月的盘整期。2008 年 10 月初，该股获利回吐并出现不利传闻，每股下跌至 26 美元。约翰这时陷入恐慌，他仅依据技术分析的形态突破这一项因素，就匆匆决定卖掉了所有持股，以每股损失 9 美元出场。半年之后，美国快捷药方公司基本面好转，此后除了 2011 年年中有较大的回调外，基本上都处在多头市场。到 2015 年 6 月中旬，股价达到每股 88 美元（这是 2010 年分股后的价位，实际分股前价位应是每股 176 美元）。

上面这个例子说明，约翰没能从全局（结合技术分析、基本面分析等）来判断股票的走势，这也是一般投资者常犯的错误。此外，从当时状况来看，一般投资者可能认为，约翰是见到股价下跌，处在焦虑状态的他因急于摆脱困局而卖出持股。表面情况看起来是这样的，但真实情况是，焦虑影响了约翰的思维过程与投资决策。从以上这个失败的投资案例可以知道，对于一家公司股票的买卖决策，我们必须从多种角度去了解该公司，这包括基本面、技术面、管理、产品、服务、同行竞争及其所属行业状况等。

一旦焦虑上身，局部思维就会取代理性思维，而所见就只会是局部而非整体。只有焦虑减轻或完全消退后，我们才能回归理性的全局思维。如果你卖掉一只有潜力的好股，事后你虽觉得遗憾，但于事无补，除非你能从中学到教训，也就是不能在焦虑状态下买卖股票。

当然，作为一个人，焦虑是无法彻底消除的。然而，如果你能事先知道焦虑的后果，那么你就能从实质上避免在错误的时机做出错误的决策。

2．认知消退

认知消退是焦虑的另一个后果，这时，思维会倒退到一种做梦似的不现实状态，而非由逻辑思考来控制。在这种退变状态下，我们更易于听信谣言、传闻及一些小道消息，例如，约翰因听到美国快捷药方公司利润减少的消息就决定卖掉股票。一些卖空者往往会在互联网上散布谣言，让投资者产生焦虑，这样就更容易落入他们的圈套。

> **小提示**
>
> 并非所有投资者总是容易恐慌和焦虑，有时，有些投资者容易出现另一种极端心态，那就是自我陶醉与过度自负，关于它们的危害，将在下一章详细论述。

第四章

你是自我感觉良好的投资者吗?

一、自我陶醉的投资者

二、市场信息引发过度自信

三、小心！你的自信可能是幻觉

四、别高估自己的决策能力

前文提到恐慌和焦虑往往导致不理性的投资行为，后果就是一次又一次赔钱，最后导致信心尽失，若非从此退出市场，就是从此不再操盘，将自己的"钱途"寄托在投资顾问手中。而面对相同的行情，自我陶醉与过度自信的投资者具有截然不同的反应，他们不但不恐慌焦虑，反而无视危险，加码买进并频繁买进，这种行为与恐慌和焦虑一样，都可能造成损失。

一、自我陶醉的投资者

自我陶醉如果出现在一般的年轻男女身上，那就是自恋，这是一种心理问题。在投资者身上，它是一种病态人格，不但害己，也会害人。为什么这么说呢？以下用一些投资顾问对伯克希尔·哈撒韦公司的看法来做说明，便可明了。

每一个人都不得不承认，这家投资公司是我们这个时代投资界最成功的典范，它的前身是成立于1929年的伯克希尔精品纺织公司。1955年，其前身与成立于1888年的哈撒韦制造公司合并，从此改名伯克希尔·哈撒韦公司。合并后的公司总部设在美国马萨诸塞州的新贝德福德，有15间工厂，雇用了超过1.2万名工人，年利润超过1.2亿美元。

不幸的是，公司合并后却开始走下坡路，在不到十年间股价下跌了一半，亏损超过1千万美元（当时币值）。在接下来的20年间，有七间工厂倒闭。每当伯克希尔·哈撒韦公司关闭一间工厂，巴菲特即留意其股价变动。在连续关掉数间工厂之后，巴菲特摸清了伯克希尔·哈撒韦公司的股价变化模式。最后，巴菲特认清纺织业已经逐渐衰落，该公司的财务状况无法改善了。

1962年，巴菲特开始买进伯克希尔·哈撒韦公司的股票。值得一提的是，既然巴菲特已经认清纺织业正在衰退，为什么他选择在这时买进它的股票呢？这正是巴菲特与一般投资者的不同之处，唯一的合理解释就是——他想拥有这家公司，并想用他自己的一套策略来经营它，这当然是很大胆的做

赚钱者的心态

法。他不但开始买进伯克希尔·哈撒韦公司的股票，而且是大量买进，最后完全控制了它。

起初，巴菲特还保留着伯克希尔·哈撒韦公司的纺织核心企业。但到1967年，他将业务扩张到保险与其他投资领域，如政府雇员保险公司就是在20世纪70年代晚期收购的。1985年，巴菲特关闭了所有纺织业务，从此，保险业成了伯克希尔·哈撒韦公司的核心业务及主要资金来源。

2010年，巴菲特宣称，买进伯克希尔·哈撒韦公司是他在投资上最大的失误。此外，他还说，在收购它之后的45年里，他损失了2亿美元。如果他用这笔损失的钱直接投资在保险业，那将有数百倍的回报。

笔者认为，尽管运营纺织业务没有为巴菲特赚到满意的利润，但经营伯克希尔·哈撒韦公司的经历并不是完全的失败。首先，巴菲特学到了关于公司收购的极有价值的经验，那就是公司的经营形态极难转变，最佳策略可能是通过清算结束公司，而非试图扭转局面以减少损失。其次，纺织业务在早期曾帮巴菲特赚进足够的资金，让他能够收购保险公司。

2015年6月，巴菲特以3.88亿美元收购了澳大利亚保险集团3.7%的股份。伯克希尔·哈撒韦公司的股价从每股不足12美元的首次公开募股价格，到1967年的每股20.50美元，1980年3月23日的每股315美元，1998年3月6日的每股59,000美元，再到2015年6月17日的每股210,150美元，虽然有美元贬值的因素，涨幅仍相当可观。这意味着首次公开募股时每1万美元的投资，在2015年6月中旬的回报为853,648,536美元，由此可见，伯克希尔·哈撒韦公司的经营是非常成功的。

🔑 自我陶醉的投资者人格

许多人虽然知道巴菲特与伯克希尔·哈撒韦公司，却不去投资它，这可从其历年来的成交量变化看出。例如，1980年的单日成交量尚有10,000～90,000股，但2015年的单日成交量仅有100～600股。投资心理学家对投资者进行调查后，归纳出两种答案：第一种答案来自散户投资者——"成本太高了"。当时纽约证交所的每股平均价是35美元，而伯克希尔·哈撒韦公司每股则卖到35,000美元。买1股伯克希尔·哈撒韦（指的是A股，当时B股尚未发行）跟买1千股其他股票有什么区别呢？2010年1月21日，A股按1比50的比例拆分成B股，拆分当日，B股股价就从每股69.50美元上涨了4.8%，达到72.88美元，这说明一般散户投资者对巴菲特经营能力的肯定。另一种答案来自专业经理人——"如果我买进伯克希尔·哈撒韦公司的股票，这岂不是告诉我的客户，我的能力不如巴菲特，那我以后还怎么开口叫他们付我一年2%的管理费呢？"这种回答就引出了"自我陶醉"的问题。

自我陶醉有多种含意，都与"自恋"有关。用心理学语言来说，自我陶醉与个人的自尊意识有关。适当的自尊意识是健康的心态，但像上文提到的经理人的回答，则显然是自尊过度，这对投资是不利的。

对自我陶醉的散户来说，一旦买进股票后，他对该股潜在价值的信心就会大幅增加。从此之后，他就只喜欢听有关该股的正面消息。一旦股价上升（即使只上涨一点点），自我陶醉就会变得更强烈。另一方面，如果股价下跌一点点，他就倾向于拒绝面对现实。如果股票再下跌多一点，他就会变得非常恐慌和焦虑，内心受到自我怀疑的折磨。面对困境，他不去了解公司的经营问题，却在心内暗想，自己选错了股真是活该。

二、市场信息引发过度自信

过度自信的心态从何而来？有部分来自信息假象，这意味着投资者相信，自己预测的正确性会随着信息的增多而增加；或者说他们相信信息愈多，自己的决策能力就愈强，但实际情况并非总是如此。

例如，在牛市气氛下，很容易就能在财经媒体上看到一些专门给投资者泼冷水的文章，其中大部分描述的是可能性很低或不可能的事件。投资者被吓唬后会仓促地做出情绪性决策，结果是造成比恐慌抛售本身更长远的经济损失。

出现以上情况，主要有以下几个原因。

- 你可能很难从财经媒体获得对未来的乐观观点。
- 研读财经新闻不会让你拥有市场优势，当你看到它时，这条新闻的影响力早就被计入价格走势。
- 财经媒体善于夸大其词以吸引读者的注意力。
- 头条新闻对于市场走向是不可靠的指标。
- 投资者很容易误以为信息都是真的或信息很全面，而事实上并非如此。

艾略特波浪理论

由此可知，过度依赖财经媒体的消息弊多于利。除了财经媒体的消息外，面对未来的市场走势，分析师或评论员的观点既有正面的，也有负面的。

对投资者而言，这些观点当然也是有价值的信息。然而，问题是你如何去评估它们的可靠性。例如，2015年6月17日，美国市场观察网站发布了一篇财经记者托米·基尔戈（Tomi Kilgore）写的文章，它引述了艾略特波浪理论专家罗伯特·普莱切特（Robert Prechter）的预测，认为市场不久将会大跌。那么，你该如何看待这个预测呢？如果你相信它，那你就应该尽早退出市场；如果你不相信它，那你就应该趁着市场牛气正旺，加码买进股票。在回答这个问题之前，让我们先来了解一下艾略特波浪理论。

艾略特波浪理论的提出者是拉尔夫·艾略特（Ralph Elliott），他认为波浪模式可用于研究社会或人群的行为趋势或行为周期。由于股票市场是社会或人群的经济行为的反映，因此，艾略特波浪理论也被用于分析与预测股市。自该理论于1938年发表后，在理论应用与强化方面，普莱切特已变成了一位权威和先驱，他也是艾略特波浪国际公司的创办人兼总裁。

艾略特波浪理论认为，金融市场上升趋势有五段波浪，而下跌趋势则有三段波浪，技术分析师可以利用这种波浪形态来进行市场趋势预测。基尔戈在文章中引述普莱切特的评论："如果股市持续攀升，那么股市正面临崩盘的高风险。短期内我们预期道琼斯指数可能再创另一个新高，虽然这未必会发生。"普莱切特的评论自然是基于他对艾略特波浪理论的理解，此外，他也从以下的两种角度来论证自己的说法。

● 纽约证券交易所混合指数与道琼斯工业平均指数的背离。

赚钱者的心态

● 道琼斯运输平均指数与道琼斯工业平均指数的背离。

基尔戈在文章中进一步引用能源研究公司主任技术分析师沃尔特·齐默尔曼（Walter Zimmerman）的说法来支持自己的观点：基于普莱切特对股市目前形势的分析，他（指齐默尔曼）相信，牛市正岌岌可危。波浪理论的分析自然有其历史数据的支持，但因大波浪中有小波浪，而且波浪也可能向前延伸，使小波浪变成大波浪，所以它只能用于预测可能的趋势，却无法预测发生的时间，认识到这一点是非常重要的。例如，假如你在6月17日看了基尔戈的文章后清仓退场，那你将追悔莫及，因为第二天（6月18日）道琼斯指数大涨180点，次日下跌99点，再下一个交易日（6月22日）又上涨103点，3个交易日共计上涨184点。

到这时为止，普莱切特的分析似乎并不灵光。但此后的5个交易日内，市场因受希腊金融危机的冲击，道琼斯指数至6月29日共下跌548点，跌破了200日均线。这从事实上证明了普莱切特分析的价值。

从以上的例子看，再高明的分析师都无法准确预测崩盘的时间点，因此，用较长的投资时间框架来看待技术分析师的预测是有必要的。同时，必须认清的是，市场指数的背离是相当明显的预警信号，如果再配合波浪理论，那你更应心生警惕。这意味着市场的预测与分析信息虽有真有假，但像普莱切特的这类分析，你绝不应忽视。

以上案例显示，市场充斥着各类信息，但你必须有正确的观念（预测市场时机是不可能的）、一定的素养（基本的技术分析及基本面分析能力），以及必备的耐性和较长的投资时间框架，这样才能分辨信息的价值，并正确运用它们。如果做不到这一点，那些信息可能只会帮倒忙。另一方面，虽然有价值的信息可能会增加预测的精度，但也可能以更大的力度来增加自信，最后形成过度自信。换句话说，接收了较多较佳的信息，的确会使投资者在预测时更有信心，但是，那些信息充其量仅能勉强提高一些预测精度而已。

三、小心！你的自信可能是幻觉

自信并非坏事，但过度自信则不利于投资，它是一种典型且普遍存在的认知偏差，在投资决策过程中发挥了负面作用。过度自信部分源于我们不愿承认自己的错误，部分则源自认知失调，这指的是对于违背我们的观点和预期的事实故意去淡化或忽略，有关这个概念，我们将在第八章详细讨论。

过度自信导致盲目乐观

在人类的经济行为中，过度自信往往使人高估自己成功的机会，夸大自己的能力，把成功归功于自己的能力，从而低估可能存在的风险。过度自信发展到极致就会形成盲目乐观，它会使人低估外部环境中出现危险状况的可能性，从而造成更大的风险。这些过度自信的人理所当然地认为，自己的能力、知识与技术都要比一般人强，或是所谓优于平均水平。

回答下面的简单问题就可以说明这种心态。

- 你是一个优秀的司机吗？
- 与大部分司机相比，你的技术水平是优于平均、等于平均或是低于

赚钱者的心态

平均?

如果不针对过度自信特征做筛选,则约有 1/3 的人可能会回答"优于平均",另外 1/3 的人可能回答"等于平均",最后 1/3 的人可能回答"低于平均"。另一份研究则显示,有 82% 经过度自信特征筛选过的大学生会认为他们的驾驶能力"优于平均"。显然,他们中有很多人错了,这些人对自己的驾驶技术太过自信了。

对自己的驾驶技术太自信,就容易把交通事故的过错推到对方身上,因而不容易看到自己的责任。这种心态如果延伸到投资活动中,将会对投资者造成不利的影响(见后文)。事实上,大部分投资者都是属于过度自信型的人。试想,有谁希望自己的投资表现是低于平均值的?因此可以说,大部分散户投资者都希望自己的投资表现高于平均值,而基金经理人更是希望自己的表现优于市场行情指数。

有效幻觉的结果

上文对过度自信虽做了一些简单的解说,但它与投资决策有什么关系呢?希勒尔·艾因霍恩(Hillel Einhorn)和罗宾·霍格思(Robin Hogarth)认为,个人做决策时会倾向于寻找对其决策有利的经验与证据,忽略对自己不利的因素,这种有效幻觉可能会让投资者产生过度自信的心态。

特伦斯·奥迪恩(Terrance Odean)发现,散户投资者往往更愿意出售获利股票(即马上实现获利),而不愿出售亏损股票(即不愿马上接受投资损失或宁愿延后接受)。他们这样做不是为了优化投资组合,主要是因为他们不愿承认自己决策失误,不愿伤到自尊心。这种心态会使投资收益受损,因为上涨的股票极可能继续上涨，而下跌的股票极可能继续下跌。

奥迪恩的研究同时发现，散户投资者在卖出股票后，很快就会买进另一只股票。但是，在他们入市第一年的交易中，售出的股票的后续表现，往往会比后来买进的股票的表现更好。这种过度频繁交易的现象也是投资者过度自信所致。

投资是一个复杂的过程，它包含着信息收集与分析，以及基于分析结果迅速做出决策等步骤。过度自信将导致我们误解信息，过度夸大自己的分析能力。在我们获得了一些成功之后，过度自信的心态更容易产生。过度自信与自我归因息息相关，后者是指人喜欢将成功归功于自己的能力，而将失败归咎于运气差。自我归因使得人更倾向于过度自信而无法进行深刻的自我反省。

过度自信也常会导致后见之明这种心理偏差，即俗称的"事后诸葛亮"。也就是说，在决策过程中，人常会倾向于为自己建构事后法则，让过去的决策变得合理，使人对自己的决策能力感到自傲或满足。换句话说，后见之明是指，把已经发生的事情视为理所当然以及早在预料中的。此外，后见之明也会反过来推高自信，因为它会助长一种幻觉——让人自以为有先见之明。

每一次股市大崩盘之后，在一些市场专业人士的回顾文章中，我们总会看到"我曾预料到会有这一天"之类的神来之词，有些说法则更是神乎其神，竟连崩盘的时间都能"预料"到！不要说市场专业人士，有些散户投资者也爱这样说。

这种典型的事后诸葛亮心态会使人放弃反思，忽视对市场趋势的分析，并因此增加投资行为的风险。上述自我归因与后见之明两种心理偏差，与过度自信有因果关系，使它们成为投资决策的不良因素，因为它们往往导致过度交易，投资者因此会承担过高风险。

🔑 金融市场的情绪周期

在证券市场的牛市顶峰，投资者心理具有很高的一致性，这时的过度自信达到最高点，而在熊市谷底则达到最低点。这种自信程度的变化如果以证券市场情绪周期简图（图4-1）来展示，可以看得更清楚。

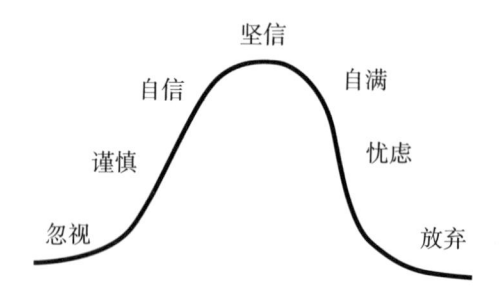

图4-1 证券市场情绪周期简图

情绪周期包括七个阶段：忽视、谨慎、自信、坚信、自满、忧虑与放弃。情绪周期与证券市场同步，起落一致，牛市往往导致过多的自信，而熊市则相反，它导致更多的忧虑。

研究发现，决策者容易受到先前结果的影响。例如，赌客在赢钱后，倾向于接受那些他们以前通常不敢接受的赌局；而在输钱后，倾向于拒绝那些以前通常敢于接受的赌局，这种现象称为"赌场资金效应"。基于这种效应的前半段（关于收益的部分），赌场老手刚开始时常故意让赌客小赢，以引诱他们继续下赌注并逐渐增加赌资，最后再一次性吃尽他们的老本。至于这种效应的后半段（关于损失的部分），则值得商榷。当一些赌客愈输愈大时，基于翻本的心态，他们往往愈不肯离开赌场，而且下一轮押注可能愈大，这就是所谓的"盈余相抵效应"。

这一原理应该也适用于证券市场，我们没有理由认为投资者在受到一次打击后会对额外的失败更加害怕，因而相信他们以后的投资行为会变得更加保守。

过长的牛市可能引起赌场资金效应，因为如果市场下跌，已经获得收益（其实是账面收益）的投资者痛苦较小；而在实现了巨大收益后，投资者会将更多的资金注入市场，而且他们会更忽视风险。就像一个赌徒，当他赢钱后，他可能在接下来的赌局中下更大的赌注，因为如果之后他输了，他会从心底认为输的不是他自己的老本，因此没那么心疼。

过度自信也可以解释熊市往往在每年一月产生反弹的现象——进入新的一年，投资者会想，后面还有11个多月呢，如果赔了也不要紧，还有充足的时间去赚回来，所以敢于买进股票。但是，随着时间的流逝，这种自信将逐渐消失。

四、别高估自己的决策能力

投资者一般都高度相信自己比其他人聪明，他们倾向于高估自己的知识与能力，依赖那些自己信得过的信息，同时摒弃反向信息。投资者力图去评估那些现成的信息，而不是去搜集信息。很多时候，散户投资者和基金经理都秉持一种信念，即他们拥有更好的信息，因此可以胜过他人。

事实真的是这样的吗？如果投资者对自己的认知能力和决策能力过度自信，将导致过度短期交易，使实际回报远低于预期，甚至因付出太多佣金，利润无法弥补交易成本，造成亏损。换句话说，过度自信的投资者的交易次数会多于理性投资者，而回报更低。

网上交易者更容易过度自信

由于过度自信，相比传统的电话交易时代，在网上进行交易的投资者的交易次数更多。有研究显示，他们的平均投资组合周转率从70%猛增到了120%。研究进一步显示，进行网上交易后，这些投资者的回报减少了，平均年度回报率仅为12%，而同期市场平均回报率为15.5%。同样是这批投资者，在电话交易时代，他们的回报率为18%（同期市场平均回报率为15.65%）。

上文提到的平均投资组合周转率是投资市场常用的术语，指的是股票在这一年中的换手百分比。例如，一年内50%的周转率相当于投资者在一年内将投资组合中的股票卖掉一半，并购进新的股票。而200%的周转率则相当于投资者卖掉组合中的所有股票并购入其他股票，然后在同一年内又卖掉这些股票再购入第三批股票。

网上投资者更容易过度自信的原因是，他们能轻易通过互联网获得大量信息，包括过去价位、回报与公司营运绩效等历史数据，以及当前的信息，如行情新闻、价位及成交量等。大部分散户投资者缺乏专业投资者具有的技能与经验，因此无法可靠地评估与解读这些信息。也就是说，这些信息无法发挥预想中的效用。例如，上市公司每季度发表一次季度报表，包括损益表、资产负债表与现金流量表等，这些复杂表单的内容与含意不是一般投资者能充分理解的，只有分析师等专业人士才具有解读季度报表的能力，一般投资者只能从专业人士的评论中去理解该公司上一季度的经营状况。

除了季度报表外，上市公司在财政年度结束后还要发表年报以概述全年业务（内容可能达数百页），阅读年报时必须仔细阅读会计师的审计意见。"有保留的"表示审计人员对公司的年报内容有些意见，而"持续经营不确定性"则表示审计人员认为公司可能无法继续经营。除季报与年报外，还有当前报表（重大事件），这是当公司有影响投资者权益的突发事件发生时，它必须及时向美国证券交易委员会提交的报表，以更正其季报或年报。

试想，如此复杂且充满专业术语的公司财务报告，岂是普通投资者所能理解的？因此，我们在互联网上看到的公司经营状况的报道都是经过过滤的信息。如果普通投资者试图去直接解读那些未经过滤的原始信息，最可能的结果是被一大堆庞杂信息搞晕，最终导致做出错误决策。

事实上，一些研究也显示，如果试图直接利用未经过滤和解读的信息，那么，经验较少的投资者（通常是散户投资者）回报较低，而经验丰富的投资者（通常是机构投资者）回报较高。例如，2015年4月27日苹果公司公布第一季度财报，总收益及净利润均超过分析师预期。这些数据在27日盘中时就可以在互联网上看到，因此，当天苹果收盘价涨1.82%，达到每股132.10美元。但是，当天下午，有分析师解读季度财报后发现，平板电脑的销售不如预期，比去年同季度下跌23%。此消息一出，隔日（28日）收盘苹果股价下跌1.58%，收于每股130.02美元。此后两个月股价一直都在126～128美元之间徘徊。因此，如果经验较少的投资者在4月27日上午看了季度财报，就在盘中买进了苹果股票，从后来的历史数据看，他的资金将会被套牢一段时间。

🔑 男人比女人更容易过度自信

以上这个例子说明，仅依赖或过度依赖信息做交易是很危险的。让我们

赚钱者的心态

再回到过度自信的主题。在投资决策上，男人通常比女人更加过度自信，且投进去的钱远多于女人。由于过度自信，男性投资者常比女性投资者更频繁地交易，因此常常会降低其回报率。研究显示，单身男人交易量最多，每年的周转率约为85%，而已婚男人的每年周转率为73%，已婚及单身女人的每年周转率分别为53%及51%。

这样的结果符合以下说法，即男性投资者比女性投资者更容易过度自信，而这也导致前者有较高的交易频率或短线进出。据美国消费者新闻与商业频道报道，2015年的数据说明，男人的交易频率比女人高30%。此外，男人似乎更倾向押重注，这些高周转率投资者通常买进高风险系数（β值）的小型上市公司股票。

过度交易获得低回报或损失金钱的原因不仅是高佣金成本，选错股票也是一项重要原因。有许多例子显示，投资者卖掉的股票在以后4个月内的表现往往优于他们新购进的股票。

过度自信同时也影响投资者的风险承担行为，理性投资者通常会尽量去追求最大的回报，同时将风险降至最低。然而，过度自信的投资者常会误判自己面对的风险水平，这将导致他们承担更多的风险，因为他们具有买进高风险股票的倾向，这类股票常来自较小或新成立的公司。此外，他们的投资组合中成分股的多元化也不足。

> **小提示**
>
> 从提高回报的角度看，投资者应避免频繁交易。要做到这一点，首先必须消除过度自信的心态。此外，也应该了解自己能够承担的风险水平并培养健全的风险意识。关于风险，请见下章分解。

第五章

面对风险，你可以更冷静

一、你就是风险的源头

二、系统性风险

三、非系统性风险

四、其他形式的风险

投资者对风险的感受常因人而异。然而，一项重要的认知是，投资者当前的风险决策是基于过去的投资结果。具体来说，投资者在盈利后会变得更敢于承担风险，而在持续亏损后则更不愿意承担风险。或者这么说，当投资者卖掉股票将获利落袋后，他们更有可能去买进风险较高的股票。对瑞典家庭在股票投资方面的调查数据显示，前一年的资本收益增加将会导致下一年的投资风险升高，而损失则会导致风险降低。

说到底，风险是一把双刃剑。如果你能妥善运用投资组合，那么较高的风险会带来较高的预期回报，但同时你当然会承受较多的波动性。如果你期望享有利润但又不愿意承担任何风险，那么购买短期国债，或将钱存入银行储蓄账户应是比较好的选择。但问题是，近年来，由于利率超低，收益当然也很低。如果你无法承担投资组合收益大幅下滑的心理压力，就应建构一个本身足以承担风险的投资组合。然而，问题是怎么去妥善衡量（至少自己感觉合适）风险的大小。方法之一是，依据自己对交易的积极性或保守性，灵活选用适当时间框架的移动平均线。假如你是谨慎型的投资者，不妨使用13周时间框架；如你是积极型的投资者，可以使用5周时间框架。

虽然谨慎的投资者可能有较多时间去研究是否出手，

但在他们犹豫不决的时候，股价不会等人，所以这通常意味着他们的买价会较高。谨慎的投资者通常也是较长期的投资者，所以他们更可能躲开市场的短期振荡，这是他们相对于积极型（短期）投资者的明显优势。而那些短期投资者通常是专业交易员，他们可能是基金经理，但更可能是货币、债券或商品交易员。

金融市场就是由这些形形色色的投资者与交易员组成的，他们彼此间形成一种平衡，使市场能维持流通性及稳定性。一个稳定的市场是一个动态市场，各种不同股票在市场内振荡，产生各种复杂的价量形态。如果平衡改变，市场就会变得不稳定。

以下三种情形之一发生时，就可能破坏平衡。

- **长期投资者停止其市场交易。**
- **长期投资者变成短期投资者。**
- **短期投资者多于长期投资者。**

市场平衡一旦不能继续维持，风险随即出现，这将影响投资者的回报。

一、你就是风险的源头

巴菲特在 2014 年致股东的信中曾说:"在商学院的课堂上,波动几乎是风险的代名词,这样的假设让老师讲课时会比较轻松,但其实错得离谱。波动与风险的差异很大,给它们画上等号,将导致学生、投资者和企业管理者步入歧途。"

在同一年致股东的信中,他又援引自己的老师格雷厄姆关于"投资失败"的一句名言:"错不在命运,而在我们自己。"意思是说,我们自己就是风险的源头。为了清晰衡量风险,本书仍将波动视为一种风险。这样一来,就可以用一些统计学的方法来评估风险。基于以上理由,让我们从实际出发,重新解读风险。

首先,风险是什么?下列任何一种情况发生,都可以称为风险。

- 损失钱。
- 不赚钱。
- 某个投资决策令投资者长期担忧焦虑,无法安心从事其他工作。
- 投资组合内的某只或多只股票下跌,其他股票则上下浮动。
- 担心损失,最终导致投资者错失许多好机会。在这种情况下,一些投资者担心的是行业衰退、错误建议或缺乏高质量信息等,但这些都是在投资者自身控制能力之外的。

● 对无知（缺乏经验及知识）的恐慌，会导致投资者放弃一些投资机会。
● 当投资成果在一段时间内持续良好时，投资者的神经反倒会紧绷。持股期愈长，股价愈往上涨时，遭受较大损失的预感愈强烈。

以上各项中，前四项的风险是来自波动，后三项的风险则来自自身的心理恐慌。这里所说的波动指的是回报的波动性，衡量波动性的常见标准之一是风险系数 β，它是以相对数量来测量波动性，表示股价相对于主要市场指数（如标准普尔500指数）的变化。因此，β 可用来测量投资组合的表面风险。应用时通常将主要（或总体）市场指数设定为1，如果某只股票的 β 是0.5，则当市场上涨或下跌10%时，它往往上涨或下跌5%；如果某只股票的 β 是1.5，则当市场上涨或下跌10%时，它将上涨或下跌15%。因此，高 β 的股票就是风险与回报都较高的股票。这样的话，如果投资者想规避风险，就有必要让其投资组合内的低 β 股票更多。相反，爱冒风险的投资者相信，如果总体市场的上涨已迫在眉睫，他们更愿意在其投资组合内增加高 β 股票。

回报与风险的相关性要依一些确定条件而定。而且，这一概括说法有一个假设前提：投资者已采取一些投资组合的防御性措施来控制可能发生的损失，这些措施包括多样化投资，充分的现金储备，以及其他降低风险的策略等。

上文提及，为了清晰地衡量风险，本书将波动视为一种风险。实质上，风险不仅是波动性的函数，它也代表一个人在现在与未来的债务或责任。换句话说，它相当于是足以偿付未来债务的现金数额。或者，我们以更主观的语气来定义风险，不妨说它是一个人对机会、概率、恐慌、金钱损失等因素的判断。从心理角度来说，风险被视为对潜在损失的心理反应。

这一风险定义常常与不确定性画等号，这是因为，所有运用于资本市场的投资工具，都涉及对无法预期的未来做决定。由于公司的表现与管理、其他公司行为、全球性事件都具有随机性，同时，投资者对上述事件的心理反应也都不可预期，因此，投资的结果是不确定的。不确定就会产生焦虑，紧张慌乱的状态经常会引起过度的危机感，或是忽略那些本应担心的风险。

风险既然是波动性的函数，客观存在的风险就是一种数学现实。我们可以用多种策略来降低风险，它们包括平均成本法、套期保值或对冲、低费用、低周转率、分散风险、较保守的资产配置、不用融资买股、养成纪律性卖出习惯、谨慎的基本面评估与公司估值等。风险有两种主要类型，它们分别是系统性风险与非系统性风险。当然，除此之外还有其他形式的风险。现在，让我们耐心地来了解它们。

二、系统性风险

股票价格的总体变化，以及所有股票的价格至少在某种程度上随着市场整体情况变化，属于系统性风险，而股价的其他变化被称为非系统性风险。因此，系统性风险是股市投资者无法避免的，它涉及利率、通货膨胀与信用紧缩等市场特有的因素，所以，它又称为市场风险。

例如，当经济衰退时，公司盈余及收入呈下降趋势，投资者的心理预期也因此降低，连带对股价产生促低效应。因此，系统性风险的实质是一种市场风险，无法利用多样化投资策略来消除，因为所有股票的波动或多或少彼此联系在一起，它们中的大多数股票价位变化是系统性的。

上面提到的多样化投资策略，就股票投资而言，究竟同时需持有多少只股票才算是多样化？一般来说，同时持有 15 ～ 20 只股票已被证明是一种合理水平。如果你以为买进标准普尔 500 指数（$\beta=1$）中的所有股票就是完美的多样化，那就错了。一般来说，股票市场每天都在普遍性地波动，所以你每天仍然有风险。

股价与公司利润往往反映现实经济的健全性，反之亦然。大多数股票跟着企业发展的兴衰上涨与下跌，而这种涨跌是投资者无法控制的。即使投资组合内的股票已经多样化了，除了总体损失可能降低外，大致后果不会有太大差异。以下是一些系统性风险的主要类型。

1. 利率风险

利率波动直接冲击债券市场，股票、房地产与汽车等市场也会受到影响。利率升降是货币供需的反映，在美国，货币政策主要由美联储主导。利率变化改变债券价格，两者的变化走势相反，即当利率上升时债券价格下跌，否则反之。

债券的利率就是其到期收益率，它由两个组成部分。

- 当前收益率：它是票面利率除以债券价格。
- 债券的折价摊销或债券的整个剩余寿命溢价。

例如，一张一年到期的 1 千美元面值债券，其票面（或每年支付）利率为 2%，这意味着它的卖价为面值的 98%（即 980 美元），而票面利率 2% 表示每年支付 20 美元利息，其当前收益率是 20 美元 / 980 美元或是 2% / 98% = 2.04%。如果我们持有该债券一年，且在到期时以面值赎回，则除了

赚钱者的心态

20 美元的利息外，你又得到 20 美元利润，原因是你以 980 美元买入的，而赎回价却是债券面值——1 千美元。这样，债券的到期收益率是（20 美元＋20 美元）/ 980 美元 ＝ 4.08%。所以，相同等级的一年到期债券，如果当前的平均利率是 4.08%，则你的买价可能是 980 美元。

现在假设，当前的平均利率升到 8%，而票面利息固定在 20 美元，则票面折扣必须增加以提升总到期收益率至 8%，所以，债券价格必须下降到 944.44 美元。这是因为，20 美元票面利息加上 55.66 美元折扣，将使债券购买者获得的总收益为 75.66 美元，这样，75.66 美元 / 944.44 美元即为总收益率 8%。

以上例证说明，当利率升高时，债券价格将下跌。它同时也间接表明，债券的到期日愈长，由利率变化引起的债券价格（或是折扣与溢价）涨跌也会愈大。由于票面利息是固定的，可改变的仅是折扣或溢价，而这个金额必须摊销到整个债券的生命周期。这样一来，对于一年到期的债券，其整个折扣或溢价是摊销到那一年。如果债券期限是十年，则必须摊销到每一年，所以较长到期日的债券，其折扣或溢价的绝对数值也较大。因此，债券到期时间愈久，利率风险就会愈大。

下面再用一个例子说明债券的利率风险。假设你以票面价格买进一张 2% 票面利率的一年到期债券，如果利率从 2% 升到 4%，债券价格将下跌到其票面值的 98.08%。这时，你的损失是票面值的 1.92%。然而，如果你买进的是 30 年到期的债券，利率上升 2%，债券价格将下跌到票面值的 77.2%。这时，你的损失是票面值的 22.8%。

这种由利率改变引起的债券价格波动有时是很可观的。例如，1954 年发行的美国长期国债收益率为 2.5%，而 1981 年发行的收益率达到了 15%。

对于 30 年到期的债券来说，如果这种收益率大小的改变是在 3～5 年内发生的，则损失额可达投资额的 80%。

利率波动不仅冲击债券市场，就连优先股的价值也是由利率决定的，除了没有到期时间外，它对利率波动具有相同的反应。至于那些价值是来自其收益率的普通股（即高收益率股票），市场不大注重它们的长期成长，它们规避通货膨胀的能力也较弱，所以，往往会对利率水平的改变有灵敏反应。公用事业股票就是一个例子，其收益率往往与债券收益率旗鼓相当。

高收益率股票之外的其他普通股，一般来说也会反映利率波动。利率降低往往伴随着货币供应的扩大，因此可能会导致股价的上涨。这是因为，首先，货币扩张能促进经济活动，因此公司利润也会增加；其次，民间有更多钱流通，投资者就会有更多钱去购买股票。当然，以上这两点理由建立在一种假设的基础上，即货币的扩张会减轻先前抑制经济活动的货币紧缩。

2. 经济风险（部分系统性）

经济总是在萧条、繁荣、衰退与复苏间波动。当总体经济波动时，企业利润会跟着发生变化，这种效应主要是呈现在普通股票上，因为股票价格的确定最终依靠的是企业财报。对股票价格来说，相比利率波动对债券产生的风险，经济波动产生的风险更大。大萧条的严重后果是由美联储的货币紧缩政策引起的，它触发了随之而来的企业倒闭与裁员潮，股价当然也随之下滑。受经济波动影响的不仅是普通股票，其他如优先股、债券及商品等也会受到影响，但普通股票则是首当其冲。然而，从复苏顺序来看，首先是债券，其次是优先股，普通股票却是殿后。

必须注意的是，仅有部分经济风险会演变成系统性风险，因为有两个因素可能稀释系统性风险。首先，衰退或萧条对企业的影响并非绝对一致，一些行业比其他行业会受到更大的冲击，例如1981～1982年间的衰退，建筑业在利率大幅攀升后受到特别沉重的打击，而1973～1974年期间的衰退，由于石油输出国组织崛起，成为国际能源市场的控制力量，依赖石油的公用事业部门就受到了特别大的影响。

与此不同的是，即使在大萧条时代，金融机构纷纷崩溃时，通信行业却仍然能继续支付员工薪水，并付给债权人和股东利息。一般来说，在经济萧条时期，那些为其他公司建造工厂或制造设备的公司是最艰难的，而消费品制造商（如烟草或食品公司等）受到的影响则最少。

稀释经济风险中系统效应的第二个因素涉及公司的财务实力，以及当时应对危机的能力与运气。比如，一些公司资金链过紧，以致即使面临稍微不利的经济状况，也会变得非常脆弱。1980年代中期，许多美国农场主在应对市场不利变化时失败，而同期也有许多农场利润丰厚。那些陷入困境的农场主有一个很显著的共同点，就是财务实力脆弱，他们通常为了快速扩张大量借钱，去购买额外的土地和现代化农机设备，造成现金流不足或利息负担过重，这使他们在农产品价格下跌时面临着破产危机。

3. 心理状态

在某种程度上，投资者的心理状态（如恐慌、贪婪等）能影响整个股市，这种风险是系统性的。如果影响的仅是特定的行业或公司，则是非系统性的。系统性风险是源自整个市场波动的风险，不管该波动是由利率、其他经济因素还是由投资者的心理状态引起的。事实上，以上三个因素彼此互相作用，往往导致了系统性风险。

如果一个因素可以反制另一个因素，那么结果将被削弱。但更常发生的情况是，一个因素对其他因素起到了催化作用，最后导致整个市场巨大的过度反应。

试看下列历史数据。

1929～1932年，标准普尔500指数从31.92跌到4.40，跌幅达86%。同期，道琼斯指数从381跌到41.2，跌幅89%。以上四年大萧条期间，虽然没有那么明显，但仍然可以看出是系统性的力量在起作用。1968年12月13日，由《价值线》杂志对所有股票统计所得的平均市盈率是19.0，但在1974年12月23日，这个平均值降到了4.8，这说明六年中股票估值下跌了75%。此外，从1982年8月到1998年7月，道琼斯工业指数从850涨到9,200，涨幅达1,076%，这一切无不反映出系统性风险是市场波动的主导角色。

三、非系统性风险

非系统性风险又称为公司风险，总的来说，它是指那些不属于市场风险的风险，包括公司的具体管理、产品、服务、业务决策等。公司风险也受到资本结构及公司生命阶段的影响。最后的风险是，每间公司都有可能关门歇业。

从以上定义来看，非系统性风险就是股价变化的风险，而这些都是由上市公司的经营状况引起的。例如上市公司拿到新的大合同、发现新的矿产资源或是会计作弊等，都能使股价产生巨大变化，并与总体股市脱钩。由于这些问题都局限于个别公司，所以，非系统性风险可以借助多样化投资策略来降低。在金融市场，这种策略能奏效的前提是，组合中的一些股票与其他股票是负相关或至少不是紧密相关。

非系统性风险的来源虽然较窄，但其重要性并不亚于系统性风险（当然也不会大于它），后者通常反映了围绕市场规范价值的波动，而非系统性风险则在很大程度上代表公司基本价值的涨跌。

以下是非系统性风险的几种主要形式。

1. 经营风险

经营风险是大部分投资者首先考虑到的风险，他们买股票时想到的第一个问题几乎都是"这是一只优质股票吗？"这个问题与企业的财务趋势是下降或上升直接相关。导致财务趋势下降的最可能原因是公司获利恶化，这个问题的源头是多方面的，如竞争者的优势、技术老化、市场需求的转变以及公司运作效率降低等。也有可能是公司运作基本正常，获利也增多，但公司财务管理不善，破坏了其股价上涨的潜力。此外，资金流动性不足、无法支付巨额债务、更换或增加设备的巨额成本等，都会危及一家企业的健康经营。

2. 公众偏爱

公众偏爱是心理风险的非系统性特质，公众对偏爱与非偏爱股票或行业的选择，产生了一种逆向风险——公司愈受偏爱，随之而来的市场风险也将愈大；反之，公司愈失宠，市场风险就愈少。这是因为公司愈受偏爱，股价愈高，能吸收的新股东就愈少，如果趋势转为不利,股价下跌的可能性就愈大。对于成交量有限或有固定供应项目、资金有限的公司，尤其如此。

在最极端的情况下，如果每个人都想买进某只股票，该股票也因此处在最高价位，由于想买的人都已经买了，也就没有了更多向上支撑的动力。如果所有投资顾问继续推荐这只股票，那么它进一步上涨的空间在哪儿？真实的世界必定不是完美的，因此这只股票一旦有些闪失（如财报暴雷、新产品没有较大惊喜或产品有瑕疵等），就可能导致投资者偏爱度与股价同步下滑。

衡量一只股票市场偏爱度的方法是观察其市盈率趋势，市盈率愈高，市场的偏爱度愈大。不过，非常高的市盈率代表着风险。因为市盈率愈高，股价持续上涨的可能性就愈少，获利的可能性也就减弱。总之，当股票从受偏爱转为不受偏爱时，股价将下跌，否则反之。

3. 销路不良

一个小风险可能来自不良的市场销路。如果你希望卖掉 100 股苹果公司的股票，你将发现真的是轻而易举，波澜不惊。相反，当你想卖掉一些乏人问津的股票（通常是小型公司或小型新公司的股票）时，卖价可能不得不打折扣。此外，一些公司也可能对卖出股票有一些限制性条款。

四、其他形式的风险

除了上文提到的系统性风险与非系统性风险之外，投资者还可能面临以下数种其他类型的风险。

1. 直接的金融风险

假设让一家经纪公司托管你的账户，如果这家经纪公司关门了，就可能产生以下这个问题：由于你的证券是登记在该公司名下，并非在你名下，这些证券可能早就被经纪公司借给一位现在已经破产的投机者（例如，投机者向经纪公司借股票并卖空它）。另一种风险是：如果你持有的是滞销的股票或债券，它们没有能力支付股息或利息，此时，非系统性风险会直接冲击你，而不是以市场波动的形式来影响你。

2. 购买力风险

通货膨胀是一种主要风险，它并非是一朝一夕形成的，而是逐渐累积而成的。此外，其规模也无法事先预测。通货膨胀随着时间成长的关系可以用指数函数表示，例如，即使通胀率不超过 6.7%，但在 10 年内，你持有的货币也可能贬值超过一半。又如，20 世纪 80 年代中期的通货膨胀虽然温和（约每年 2.7%），但在 15 年内，它也会让你的现金贬值 1/3。通货膨胀的连续累积特质可从以下几段历史记录看出来。

在过去 50 年中，美国有 48 年存在通货膨胀，仅有两年是通货萎缩。不管是通胀还是通缩，其大小都是不固定的。如果我们将 1934 年年初的 CPI 设定为 100，则 1998 年的 CPI 是 1,233.06，这意味着 1 美元的购买力下降到了 8 美分。也就是说，在这 64 年中，货币的原始价值损失了 92%。到了 2010 年，CPI 则达到了 1,617.07。

以上是用 CPI 来说明货币价值的损失，下面我们用实际金额来计算，可能会更为清楚。如果你于 1934 年在银行存进 1 万美元，并将利息视为可以花费的收入，到 1951 年时，你的本金会损失一半以上的价值。从 1951 至 1975 年，你将再次损失 1951 年价值的一半。从 1975 至 1998 年，你将再损失 1975 年价值的 68%。而到 2010 年，你的损失是 1998 年价值的 32%。以上这些巨额损失都来自温和通胀（即最多 6.7%）的假设，即使是这样，你的金钱损失也是够惊人的了。

以下是一个恶性通货膨胀的例子。

德国在 1920～1923 年经历过可怕的通货膨胀，当时物价上涨了 100 万倍。按照这个通胀率，就算你有 10 亿马克，3 年之后也买不到一杯咖啡。那些完全依赖或非常依赖利息维生的人，都毫无例外地变成了穷光蛋。

3. 投资者的行动将扩大市场风险

（1）固定的时间和增加的风险

如果投资被局限在一个固定时段，系统性与非系统性市场风险都会极大地增加。根据新闻与行情估计市场波动常会引发过度反应，而在任何的短时段内，市场波动方向都有可能与我们的预测相反，就像它有时会符合我们的预期一样。如果你是中长线投资者，在你买进后，市场向相反方向发展，并不会对你造成实质的影响，你只要耐心地等待市场调整即可。

然而，如果将投资局限于一个短时段（如 3 个月或 6 个月），那么你就无法逃避市场波动的随机变化。如果你从事卖空，那你必须在一个特定期限内再买回股票。如果你做期权交易，那么你必须在期权合约期限内完成交易。以上这些交易都将你束缚在一个特定的时间框架内，因而让你的投资失掉了灵活性并增加了风险。如果在那个时间框架内，市场有任何不利走向，你就可能蒙受不可挽回的损失。

此外，如果你是通过融资买入股票，也会把你束缚在一个时间段。因为如果市场大幅下跌，那么经纪公司可能打电话叫你快速补充保金；如果你做不到，他们就会强行卖掉你的股票，你只能赔钱出场。融资、期权与卖空属于杠杆操作，它们增大了市场上下波动的振幅，说白了，这些做法类似于赌博而非投资。当然，它们不是绝对不能做，除非你拥有相当丰富的经验与精深的专业知识，或者你能通过对冲策略来抵消风险。

（2）固定的时间和丧失灵活性

投资的某些形式需要它们被固定在一个指定的期限内，如银行定期存款与一些理财产品，可能将投资时间范围设定在3个月至3年。如果你预知在设定期限到期前你不需要用这笔钱，那么这种投资形式是可以接受的。然而，如果你无法确保自己的支出能否符合投资设定的时限，那么你将承受更多风险或丧失一些赚钱机会。

例如，超出预算的医疗账单，会让你不得不中途解约并提款。又如，1932年、1974年、1982年及2009年都是股市的底部与转机年，如果你那时因受限于投资时间的期限束缚，无法顺利地将资金转投股市，你就会错失难逢的赚钱机会。

（3）债券与到期时间长度

上文曾提及，当利率升高时，债券价格将下跌。这也间接表明，债券的到期日愈长，由利率变化引起的债券价格涨跌也会愈大。一般来说，债券的到期时间长度与风险间存在两种不同且相反的关系：到期日愈远，损失本金的风险就愈大，而损失利息的风险却愈小，否则反之。例如，你买进一只收益率为15%，且仅剩一年就到期的债券，如果利率下跌，则明年债券发行机构可能以新发行的较低收益率债券来赎回你的债券。与此不同的是，30年期债券将持续在30年内提供相同的到期收益率，这意味着持有人将面临长期的债券跌价，却有较高的利息收入。因此，如果当前的利率高，买进较长期限的债券是有利的投资；反之，如果当前的利率低，则买进长期到期债券是不利的投资。

这样看来，债券到期时间越长，则损失本金的风险就会越大，理由是很明显的。首先，到期日越长，你就越有可能在公开市场卖掉这些债券，因而更可能经历利率改变带来的市场价格冲击。如果你的债券仅剩3个月到期，这么短的期间内，假设利率迅速调升，债券价格当然会迅速下调，但这时你不必卖掉手里的债券，仅需再持有3个月，债券到期即可按面值兑付，不会损失本金。其次，长期债券的价格对利率变化的反应会更加强烈。

本章至此做一个总结，虽然分散风险并不能彻底避免损失，但它却可以防止投资组合内的所有成分股一夜之间一钱不值。这样来看，理论上，你虽然可以通过买进15～20种行业的股票来分散风险，或降低投资组合内各只股票的相关性，但在实际操作时，由于精力有限，建议你不要同时投资太多行业。同时，你也必须知道，市场风险无法彻底消除，这是你为获得投资回报必须承担的代价。

以上这些不同形式的风险，每一种都与投资者的主观感受无关。因此，了解它们无助于解答以下问题："投资股票市场时，我究竟应该准备承受多大风险？承受哪些风险？"这个问题的回答部分与以下事实相关：年纪、收入、储蓄、未来对现金的需求及投资时间框架等。

赚钱者的心态

了解了以上各类风险之后，我们不妨问自己下列问题，这将有助于我们未来的风险评估。

- 我对时间的体验是过得快还是过得慢？
- 我是否对投资提心吊胆，并习惯性地预设自己会蒙受损失？
- 对突如其来的投资损失，我的承受度如何？
- 对于投资失败带来的耻辱感，我的承受度如何？
- 我能容忍不确定性的存在而不至于产生过度焦虑和负面心态吗？
- 我对自己的判断力有多大信心？

第六章

不确定的投资

一、与不确定性打交道

二、市场波动与投资良机

三、掉入陷阱的八大诱因

四、别让风险害你失眠

美国史上最大的金融诈骗案主犯，同时也是公认的庞氏骗局操盘高手伯纳德·麦道夫（Bernard Madoff），于2008年12月11日被美国联邦调查局探员逮捕，随后以证券欺诈的罪名被起诉。2009年3月12日，麦道夫认罪。他承认从20世纪90年代初开始，通过自己的公司，利用庞氏骗局对投资者实施诈骗。

在这桩证券欺诈案中，投资者每年获得10%回报，年复一年，每年的回报数额几乎没有改变，有的人甚至领了十多年。因此，许多人把自己的钱投进他的公司，并等着每年领10%的利息。这些投资者不知道的是，麦道夫实际上并未将他们的钱拿去做任何投资，他只是把后人的本金拿来付前人的利息，仅此而已，其余本金则任由他和家人挥霍。据美国证券投资者保护协会估计，在麦道夫一案中，投资者的实际损失约为180亿美元。2009年6月29日，麦道夫被判150年监禁。

近年来，投资市场因庞氏诈骗遭起诉的不仅有麦道夫，位于旧金山湾区的路凯国际能源集团也因庞氏诈骗遭美国证券交易委员会起诉，涉案金额高达6,800万美元，其行骗目标是华人和中国投资移民。路凯公司向投资者宣称，其石油投资的回报率高达20%~30%，而实际上公司并无盈利，也没有油井。它"拆东墙补西墙"的行骗方式与麦道夫如出一辙。

任何市场的投资回报都不是固定的，如果回报不变，那除非是银行定期存款，否则必有本金风险。投资者既想躲开市场波动，又企图获得高额回报，就很容易落入诈骗陷阱。

投资者应当牢记：有回报保证的投资往往动机不纯或是本金不安全，即使美国财政部发行的票据都无法担保本金与利息的绝对安全。

以上提到的金融诈骗是市场风险之一，如果你缺乏经验或是太贪心，就很容易中招。这类风险的认识与预防对投资者当然很重要，但它并非本章探讨的主题。下文要分析的风险指的是由市场波动产生的不确定性所导致的风险。

赚钱者的心态

一、与不确定性打交道

许多投资者由于焦虑，以致在恐慌中做出错误决策。针对市场发生的各种情况，投资者常感觉无力操控，无法确保投资的安全性，这就很容易形成焦虑。此外，他们还会担心投资的钱是否太多，或是否做了正确的决策，以致在市场激烈振荡时影响投资结果，甚至于担心是否会血本无归。

对以上这些问题的担忧，使投资者的内在市场（在头脑内）与外在市场之间心理环境的和谐度降低。在这纷扰的时刻，他们很容易自乱阵脚，进而相信最好是赶紧退场。可以说，投资者的不确定感愈大，误判的概率就会愈大，因此，处理风险就等同于处理恐慌与焦虑，或者说是锻炼容忍市场与价格波动的能力。在很大程度上，投资者能凭借对投资目标的了解，或增加经验及获得有价值的信息来克服焦虑情绪。话虽这样说，但当投资者面对风险时，还是很容易重复犯错，下文将提出一些具体建议。

投资者应该牢记，通常情况下，面对更多的金融与心理风险时，就有更多获得回报的机会。如果股市没有波动，当然可以天天安心睡大觉，但投资回报却可能少到不足以抵消通货膨胀风险（银行定期存款就是如此）。因此，要获得更高的回报，就要冒更大的风险。投资者如果想少冒风险，就得降低投资回报预期。

🔑 该投资债券还是股票

追求更多的投资收益会促使投资者未经深思熟虑就贸然做出决策。在任何给定的时间内，潜在投资风险都是稳定且可以评估的，但感知风险的能力却可能因情绪波动、偏见和外在影响而波动。投资者如果只凭互联网或媒体上的信息就认定某只股票不错，没有仔细考察其基本面就草率买进，那么很可能会追悔莫及。

投资者在股市经常遭受较大损失的原因与情绪性误判有密切关系。由于投资者常专注于影响其投资的个别事件，而个别事件几乎每天都有，这使他们常常心态不稳，对股市的未来前景充满不确定感，由此出现焦虑，日夜担心股价波动。在此情况下，他们很容易做出不理性的买卖决策。而这类决策触发了市场的波动后，又导致投资者做出更多类似的决策，这样就形成了恶性循环，使市场波动变得更大。

成功的投资者应是那些能驾驭风浪、紧盯目标、勇往直前的人，而非一遇到风浪就打退堂鼓的人。这就说明为什么短期投资者更愿意持有股票，而长期投资者更愿意持有债券。这是因为，与赚钱相比，人们对赔钱更敏感，赔100美元所承受的沮丧感是赚100美元的幸福感的两倍。从短期来看，股价每天都在波动，这就会扩大沮丧效应。因此，虽然从长期看，股票的收益可能好于债券，但许多投资者仍然选择投资债券。所以，如果想成为一个成功的投资者，第一步就是不要每天、每星期或每个月去查看投资组合。比较合理的做法是最多每季度查看一次，长线投资者可以每年查看一次。这就是著名的巴菲特长期持有策略，它可以减少焦虑，同时也会增加获得高回报的机会。

以上这段分析也说明，股市高回报是给那些有足够耐性的投资者预备的，

赚钱者的心态

而非给那些遇到波动就砍单出场的投资者的。值得注意的是，长期持有策略并不等于买进股票后就放着不管，这是对巴菲特的误解。巴菲特常说，他只投资于他了解的公司，而且，他对投资组合的走势了如指掌。投资者要是想通过长期持有策略复制巴菲特的成功，必须在买进后持续关注公司动向。即使每年只查看一次账户，平时仍应关注公司基本面的变化。

巴菲特认为，如果长期回报可以预测的话，则季度回报或年度回报就不那么重要了。短期回报的波动性不应作为评估风险的主要标准，真正重要的是在投资期限结束时的回报。假设你投资1千美元购买30年期收益率5%的国债，如果你的投资期限是30年，那么你每年将得到50美元利息，外加30年到期后的本金1千美元。在30年期间，债券的市价随市场利率变化而定，会有明显的短期波动。试问，如果你早就确定了30年投资期限，那么债券市价的短期波动还算是风险吗？事实上，只要你在30年内按时收到利息，并在最后收到本金，那么，你的这项投资就是零风险的。

从另一个角度看，如果你的投资期限是一年，那么当利率上升时，长期债券的价格会下跌，你可能会蒙受损失。2009年初，利率上升1.5%，30年期国债的价格下跌了20%。这时你要是卖掉，那么必定就赔钱了。同样道理也适用于股票，有充分的数据显示，就股票的波动幅度来说，长期小，短期大，因此投资期限的长短就变得十分重要。但笔者并不鼓励人人都成为长线投资者，事实上，投资期限的长短应依个人收入、回报目标、现金流动需求及许多其他因素而定。一般来说，投资期限愈短，技术分析就愈重要；投资期限愈长，基本面分析就愈重要。无论投资期限是长是短，投资者都应该在或大或小的波动中寻找投资良机。

二、市场波动与投资良机

将波动视为风险的投资者会试着去规避高波动性股票，而这些股票往往是有潜力的成长股。巴菲特就曾指出，他认为一个真正的投资者是欢迎波动的。波动与公司规模有关，小公司通常比大公司有更大的波动，这可能是因为少量的买卖单子就能大幅改变公司股价。但是小公司并不必然会有基本面风险，而且，波动也能提供更多的投资机会。

🔑 波动与风险

波动增加未必表示风险也会跟着增加，原因是许多引起波动的因素都与风险无关，例如股票拆股后（降低每股购买价），其股价虽变得更有波动性，但未必变得更具风险。另外，当美联储宣布调整利率时，或当总体经济数据发布时，波动性也会增大。但是，上述消息并不会影响公司基本面，因而不会提高公司风险。如果股价因为市场波动而走低，这时你买入股票的机会就来了，例如1974年10月，当道琼斯工业指数下跌40%至600点以下时，《福布斯》杂志的新闻记者问巴菲特，他如何看待股票市场，后者回答说："这是一个投资良机。"

股价急剧下跌都有一些潜在原因，除非你相当确定自己了解真正的原因，否则你不应仅因股价下跌就增加股票投资。1987年10月19日，纽约股市大跌20%（图6-1）。有分析师指出，这次下跌的主要原因是当行情下行时，

赚钱者的心态

许多机构投资者一起出售其部分持股，而这种做法当然会进一步压低股价。这种说法是否有道理呢？我们不妨详细研究市场大跌前的经济基本面，也许从中可以找到一些蛛丝马迹。让我们先来看看1982年之后的一些市场波动。

图6-1 1987年10月19日的市场快速崩盘

从1982年年中起，市场开始稳定上涨。到1987年8月，道琼斯工业指数飞涨到2,722点的高峰。如果从1986年年底的1,895点起算，涨幅达44%；如果从1982年起算，涨幅达240%。在1987年10月大跌之前的短短几个月中，长期债券的利率从7.5%提高到10%，而市盈率则从1982年的10增长到1987年的22。通常来说，利率与市盈率的关系是成反比的，但这一次，两者却同步增长。

1987年10月14日（星期三），道琼斯工业指数下跌95.46点（3.8%）至2,412.70点。10月15日（星期四）又下跌57.61点（2.39%），收盘于2,355点。如果从8月25日高峰点起算，跌幅超过了12%。如果你认为市场跌幅已经够深，在没有仔细研究经济基本面的情况下，就贸然进场"捡便宜"，将会后悔莫及——10月16日（星期五），道琼斯工业指数再次下跌108.35点（4.60%），收盘于2,246.74点。直到1989年下半年，市场才又回到1987年的高点。同时，市场崩盘前的美国经济已有转变的迹象。先是在1986年，美国经济已逐渐从过去的快速增长转变到缓慢成长的扩张，随着经济放缓及通货膨胀下降，经济实现了软着陆。而这期间，股票市场却一直猛涨。不仅如此，1986年初，由于石油输出国组织没有达成减产共识，原油价格在该年年中下跌了超过50%，这使投资者担心经济会进一步不稳。而真正导致10月19日（星期一）市场大崩盘的导火索，则与一起突发国际事件有关——10月15日，伊朗用导弹袭击了一艘停泊在科威特港口的美国超级油轮。第二天（星期五）早晨，伊朗又袭击了另一艘悬挂美国国旗的轮船。但从另一方面说，10月19日的大崩盘造就了难逢的买进良机，巴菲特在1988年开始大量买进可口可乐的股票，而其他许多优质股这时也都处在低价位。

以上是一个快速崩盘的案例，我们再来看看发生于1973～1974年及2008～2009年的慢速崩盘案例。

从1973年1月到1974年12月，市场下跌了约45%（图6-2）。就这一点看，1973～1974年的崩盘比1987年那次更严重。这次崩盘是从两年前布雷顿森林体系（第二次世界大战后以美元为中心的国际货币体系）解体后开始的，与此相伴的是自1971年开始，由尼克松总统主导的一系列经济措施（所谓"尼克松冲击"）及美元在史密斯协定（指1971年12月布雷顿森林体系解体后，西方十国达成的新国际货币制度协定）运作下的贬值。此外，1973年10月的石油危机更是加剧了经济衰退。

经济低迷往往造就投资良机，但当它来临时，你是否能在不同的阶段都把握住它呢？巴菲特在1974年就意识到，当年是一个开始投资的良机，事

赚钱者的心态

图 6-2 1973～1974 年期间的市场慢速崩盘

后来看，确实如此。

1973～1974 年市场下跌的原因，主要是在经济衰退的同时通货膨胀率提高。当全球其他投资者都害怕进入股市投资的关头，巴菲特却在市场下跌后的 1973 年投资 1,060 万美元购入《华盛顿邮报》公司的股票。据巴菲特估计，当时的买价不高于该企业真实价值的 1/4。次年（1974 年），《华盛顿邮报》公司的股价还在持续下跌，这说明要准确抓住市场底部的时机几乎是不可能的。到 1974 年年中，经济衰退尚未结束，但市场因下列因素而开始露出反弹的曙光：石油禁运解除、美联储将联邦基金利率从 8% 降到 7.75%，后续的利率降低也接踵而至。

以下另一个案例显示，同样是市场下跌，却有不同的触发因素。

从 2009 年 3 月起的 18 个月里，道琼斯工业指数从高于 14,000 点跌到不足 7,000 点，美日两国经济陷入严重衰退，中国与印度的增长速度大为减缓。这一次衰退与 1973～1974 年的市场下跌的主要差异在于，并没有出现通货膨胀率同步增加，同时利率也较低。2009 年 12 月，道琼斯工业指数反弹到

10,000 点以上，这是否是一个买入良机？对于这个问题，可能没有人能预知答案。这一次，巴菲特还是一如既往地逢低买进。伯克希尔·哈撒韦公司在 2008 年第三季与 2009 年第二季之间，投下 180 亿美元巨额资金买进高盛、通用电器、瑞格利、陶氏化学及瑞士再保险等公司的优先股与票据。此外，2009 年 11 月，伯克希尔·哈撒韦公司宣布收购伯灵顿北方圣达菲铁路公司的计划。这些投资后来都获得了丰厚收益。

三、掉入陷阱的八大诱因

为什么投资者有时会做出错误的买进决策，最终导致严重损失甚至血本无归？上文提及的贪图丰厚利润而又不关注波动风险的心态，只是其中一个原因。此外还有其他多种因素，下面我们来做一下归纳。

掉入投资陷阱的原因

1. 被辞令诱惑

"只要你进行这项投资，就会稳赚一大笔。"或是"看！这钱赚得轻松又自在！"一些经纪人和投资顾问特别善于用这类话术蛊惑投资者，激发大家的贪婪欲望。

"没有风险，我还可以与大户一起玩。"当你这样想时，就说明你已经站在陷阱边缘。如果你能冷静思考，避免草率决策，就会发现投资绝不像他们说的那么简单！

2. 太信任"专家"

如果有一位来自信誉良好的保险公司推销员告诉你，你应拨出部分或全部积蓄来购买他推荐的投资产品，你应该相信他吗？或者是，有一位不熟悉的股票经纪人在周末研讨会上热心向你推荐股票，你应该立即去买进吗？在当今社会，这些事情是经常能遇到的。许多投资者因为本身缺乏专业知识，就很容易相信那些看起来像专家的人，结果往往追悔莫及。

3. 粗心大意

在投资之前，如果你没有合理地评估市场及股票基本面，却又完全相信投资顾问的片面之词，那就是大错特错了。大部分投资顾问或基金经理都具有高超的专业技能，不会轻易让你赔钱。但他们所依赖的都是过去的经验。例如，在投资组合中买进指数基金并长期持有，以期待好的回报。这种被动与从众策略在牛市被证明是适当的策略，但在牛熊不定的情况下就未必有效。

此外，投资顾问或基金经理既然买进了指数基金，通常就不会花时间去研究各个成分股的基本面，这种心态可能会影响其投资组合整体策略的合理性。因此，在无法判定可靠性之前，千万不要把自己的资金全部托付给他们。

4. 固执己见

一般来说，一旦投资者接受一种直观的信念并认为它是对的，以后就很难去改变。例如，如果一开始投资就学习用技术分析法来研究股市，那就很容易成为技术分析派，而很少进行基本面分析。有些投资者也可能主动去寻求一些能证实其见解或策略的信息，如果这些信息与其想法吻合，他们就会相信信息是正确的，不再去验证这些信息的真伪。尤其是，如果投资者已买进某种股票,并已经从中获利,当然就更不愿意去接受负面的新信息,他们相信,这只股票一定会跟着市场同步上涨或下跌。总之,因为固执已见,任何不符合预期的信息都会被忽略。

更糟的是,许多投资者往往会创造一些能让自己快乐的错觉泡沫,他们会沉溺于各种认知陷阱而不自知。选择性认知使他们只看得到符合自己预期的事实及现象,这比专门寻求正面信息或不愿寻求负面信息的心态更可怕,因为"寻求"的心态只是基于一种设想,而"创造"的心态则是主动打造错觉泡沫。

5. 寻求心理平衡

有些投资者非常明白自己的选股能力很平庸,但同样是这批人,却相信自己是伯乐,有能力挑中善于选股的经纪人。这种傲慢与自负的心态是一种心理补偿,是在为选股能力不足寻找心理平衡,结果往往事与愿违。

6. 致命的自负

有些人说,任何时候只要愿意,他们都可以戒烟,似乎凡事都在其掌握中。与此种现象类似的是,投资者常一厢情愿地认为自己不会从众,只要时机到了,就能当机立断退出市场。投资者还常常认为除了自己,别人都是不理性的,似乎只有自己才能看到泡沫破裂的警告信号。就是因为这个缘故,当投机客把股价持续推高时,市场泡沫能得到支撑。问题是在泡沫破裂前,投资者真的能挤出最后一点利润吗?

7. 信息糊弄人

为什么说信息会糊弄人？因为金融市场上的信息本身确实比较难以理解。如果它们容易理解，那投资者都能成为专家了。正是因为这些信息不易让人理解，投资者才会觉得自己缺乏专业知识，因而更容易相信那些投资专家，对他们的指点深信不疑。

8. 缺乏信心

在市场大起大落或泡沫化时，许多互相矛盾的新闻、报告及专家预测满天飞，让投资者眼花缭乱，六神无主，不知道该相信谁。在这种情况下，投资者很可能因选错了一份报告，或错听一位专家的意见而蒙受损失。为了避免这种悲剧，投资者首先必须了解一点，即自己的成功主要是依靠自己的决定，而非专家或权威人士。

综上所述，投资者之所以掉入陷阱，主要是由于本身的心态有问题。如果要降低风险，首先必须消除这些问题。在下文中，笔者将针对前文提到的各类风险，提出一些有效的避险策略。

四、别让风险害你失眠

前文提及，投资之前先要确定自己的风险承受能力，也就是承受行情下跌的能力。想要知道自己有多大承受能力，最简单的方法就是看晚上能否睡得着觉。如果晚间上床后翻来覆去，心头总像是有一块大石头压着而无法入眠，这就意味着你的股票投资比重超过了你的风险承受能力。其次，如果想要降低风险，你需要考虑投资品类，并在投资之前确定自己什么时候可能会动用到这笔投资的钱。综合以上因素，就决定了你的投资时间框架及长短期投资策略。为了应对意外状况，最好还能准备一笔应急资金，这将使你在遇到意外或紧急情况（如意外医疗）时不用退出市场。

许多人在股市下跌时卖出股票，将资金转移到债券市场，这当然也是一种避险方法。然而困难的是，当股市情势好转时，如何适时将资金再挪回股市。许多人错失了2009年初启动的那一波大牛市。过去无数次的历史经验显示，金融危机往往会创造投资良机。因此，为了能抓住股市下跌的买进良机，你的较佳对应策略并不是将资金全部挪到债市或是存进银行，而是建立一个适当的投资组合，合理安排股票与债券的相对投资比重。另外，最好是在各个市值阶段都买进成长与价值型证券，以达到分散风险的目的。此后，随着年纪与金融形势的转变，适时调整投资组合即可，最好是每年审核一次，每隔五年更新一次。在漫长的投资期间，手边最好能有一笔充足的应急资金，它能帮你维持投资组合，抵挡各种行情的大波动。

🗝 如何才能睡得安稳

上文提到针对年纪与金融形势转变调整投资组合，前者较易理解，做法就是随着年纪的增长逐渐增加债券的比重。后者指的是依据股市的涨幅来做调整。例如，从2015年年初以来，标准普尔500指数飙涨逾28%，且美股牛市已持续超过七年，很多投资者的内心因此充满不安，不知道下一步该如何操作。面对这类形势，不妨采取以下行动，好让自己晚上睡得安稳。

● 检查投资组合中各只基金或股票的风险系数。

- 调整资产配置。

如果你的资产配置目标是 60% 股票和 40% 债券，经过 2015 年以来股市的大幅调涨，你的资产组合可能已经变成 70% 股票和 30% 债券。如果是这样，你可以考虑重新调整资产配置，卖掉一部分股票并加码一些债券，以达到股债 60/40 的分配目标。

- 实现获利。

减持风险系数较高的投资项目，用获利了结的现金购入货币市场基金。

可行的避险策略

针对一般性风险，投资者可以采取下列可行的避险策略。

1. 购买力风险

通过本书第五章对购买力风险的简单介绍，我们知道通货膨胀是投资者需要面对的主要风险之一。从长期来看，通货膨胀似乎永远没有停歇过，例如 1933～1997 年的 64 年期间，美元已贬值 12 倍以上。据此，1933 年时 1.00 美元的价值相当于 1998 年的 12.33 美元。而且这种贬值并非是短期发生的，它在 64 年中 94% 的时间段都在持续地进行，年平均通胀率约为 4.5%。虽然 1984～1986 年被称为通货紧缩时期，这期间的平均通胀率也达到每年 3%。到了 1987 年 7 月，原先的通胀率又回来了。

对于这种持续性的通胀肆虐，我们有方法规避风险。首先是避免长期固

第六章　不确定的投资

定的投资方式（例如银行定期存款），其次是在较长期间内投资一些真正拥有价值的目标。以上做法可以归纳成下面三个步骤。

（1）首先选择那些最容易随着市场形势调整的投资对象。

（2）将这类投资多样化。

（3）要有耐性。

以下是一个利用普通股票来对冲长期通胀的成功案例。1973年之前，投资专家通常认为投资普通股票可以对冲通胀。后来石油危机爆发，通货膨胀率飙升。1974年，许多公司的利润相应下降，股市也同步下跌。一些投资专家看到这种情况，就提出股市很容易受到通胀影响的观点。这种说法表面上看来是对的，在通胀初期阶段，公司利润可能遭到挤压，并且有些公司可能会破产。然而，真实情况是：

① 破产潮可能只是暂时的。

② 如果公司利润下跌，很可能是对"成本推动型"通胀（如工资或材料等公司成本首先上涨）的反映，如上文提到的1973年石油危机引发的通胀。

③ 以后的公司盈利会复苏，复苏时机则依公司具体情况而定。

④ 有些公司盈利可能不会下跌，即使只是暂时性的。

如果以石油危机爆发及通胀率飙升的前一年（1972年）为基础，到1987年第一季度结束为止，这15年间CPI上涨了265%，而标准普尔500指数则上涨了272%，向股东支付的股息也有相同涨幅。由此可见，在这15年间，那些买进平均品质股票的投资者，事实上成功地用股票对冲了通胀。到1987年3月末，美国证券交易所价值线混合指数的市盈率为15.3，略低于1972年的18.9。因此，比起仅对冲了通胀的投资者，被动的股票投资者（即购买指数基金的投资者）事实上表现更佳，因为他们除了享受股价上涨的好处外，还拿到了股息。20世纪80年代的股市繁荣，则更加佐证了通胀时期股票投资的价值。

2. 非系统性市场风险

通过以下步骤，可能会降低非系统性市场风险。

（1）分散投资。

从表面上看，投资市场的行业行情是乱中有序，通常沿着一定轨迹发展，但偶然事件的发生可能会扰乱行情，使未来走向无法预测。因此，将资金分散投资于不同行业，是规避这种风险的较好方法。至于究竟应投资哪几种行业，这得依你的风险承受力而定。一般而言，公司的数目为15～20家比较恰当，多于这个数目就会难以兼顾，不但不会减少风险，反而会损及获利。

（2）避免买进滞销股票。

一些股票或其他投资产品的销路很差，原因可能包括：具体的转让限制、过高的估值，或是对潜在买家的限制。这类投资可能在平时表现良好，但如果有意外消息出现，就很难卖掉。而且，即使没有坏消息出现，但当你因某种原因打算卖掉它们时，也可能面临卖不出的窘境，或是仅能以折扣价出手。

3. 直接金融风险

不管金融风险是直接影响或是通过市场影响你，一些保护性措施其实与上文所述没有太大差异，核心建议是：

- 多样化投资：依据自己的财务实力或风险承受能力来挑选几种彼此不相关的行业进行投资。
- 挑选那些能为你的资金提供保险的经纪公司。

4. 系统性市场风险

中国股市在2015年6月下旬至7月上旬的4周内暴跌近33%（图6-3），之后官方虽强力介入，但自7月6日到10日的五个交易日，上证指数的累计涨幅也只有5.18%。可见，政府护盘以防止出现系统性风险的做法不但效果不大，而且下跌的风险动能并未真正消失，只是暂时止住而已。这是因为股市暴跌后，有1,400多只股票停止交易，以避免持续下跌后股权质押被强制平仓。但问题是，上市公司一旦停牌，投资者将信心大失，因此，这些股票复牌后将面临再次暴跌的风险。

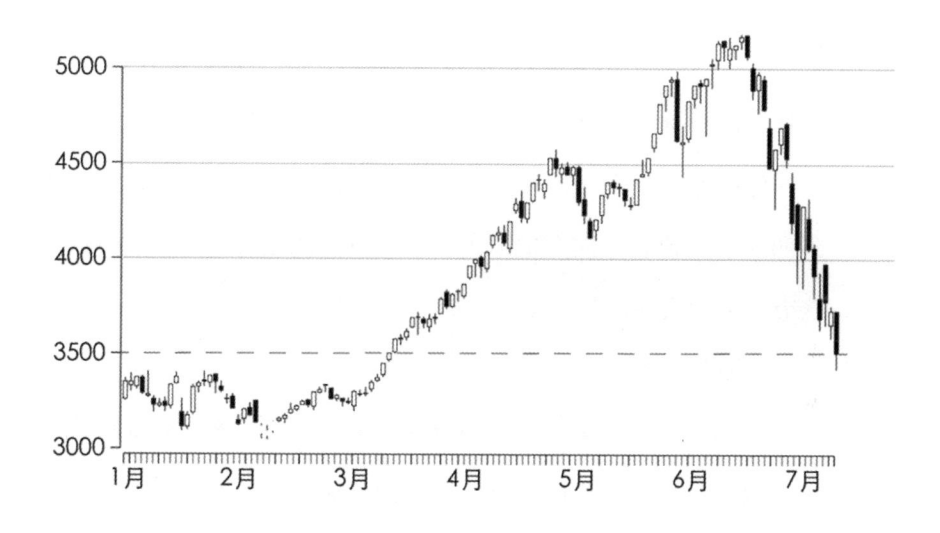

图6-3 中国股市2015年1～7月走势

这场暴跌的跌后点数虽然比过去一年仍上涨了75%，但占每日交易量90%的散户投资者都是晚期才进场，所以真正从股市赚到钱的人不到20%，其余都是大亏。因此，懂得如何降低系统性风险对投资者是至关重要的。

以下是一些防范系统性风险的建议。

赚钱者的心态

（1）维持足够的现金或等值储备。

足够的现金或等值储备有两个好处：首先，它能保护你免于被迫在坏时机卖股；其次，它让你能把握住投资时机。如果卖股时机是市场崩盘、股价大跌之际，你将遭受巨额损失，买价越高，损失就越大。然而，如果你依据长期基本面价值去选股，那么当股价大跌时则不必惊慌。周期性底部的特点是，它充斥着各类廉价的优质股。因此，这个时候并非卖股时机，恰恰相反，你可以选择性地买进一些优质股。这时，最好的防御策略是继续持有优质股，只要你不卖掉它，你就不会有损失。

你的储备资金并不一定是现金，也可以买进一些随时都能变现而不会有损失的金融产品，例如短期国债或货币市场基金。其中，国债虽有短期约束，但如果其价格下跌，你可以握住不卖，待3个月或1个月到期之后，再以面值赎回，这样你将毫无损失。此外，如果国债价格下跌，跌幅通常都很小，即使你未到期限就卖掉它，损失也不大。另一个选择是买进交易型开放式指数基金，这类基金的交易风险也很小。

（2）跨市场转移重点。

当然，防止因系统性市场下跌所招致损失的良策，是在下跌前就撤出市场，而更好的做法是撤出资金的同时，以同等金额买进一些不受（或少受）相同市场风险影响的证券，更保守的做法是买进短期等值债券。

你还可以买进卖空型股指期货来对冲系统性风险，这样你就可以继续持有投资组合中的所有股票。这种策略的有效性主要取决于投资组合与股指期货间的对应关系等因素。但笔者不推荐这类对冲措施，因为短期市场的波动非常难以预测。

（3）逐渐转移重点。

没有人能准确抓住市场的顶部和底部,在市场产生大波动的时候,如果你完全撤出投资组合,承受的风险绝对不会少于继续持有投资组合。事实上,如果你有长期观点,那么一次性完全撤出市场的风险绝对要大于留在市场,因为正如前文提到的,在较长的时间框架内,股市有累积成长与对抗通胀的好处。如果你确实不放心,那么不妨采用渐进式转移的方法来改变投资组合。同样道理,一次性全部买入的做法也不值得鼓励,分批分阶段逢低买入才是最佳选择。

(4)捕捉风险增加的明显信号。

撤出股市不仅应是渐进地,同时,每一步都应该是对风险明显增加的信号的反应。如果没有这种信号,千万不要去预测市场。

风险增加的具体信号包括以下几种。

① 股票价格过高。

当不同的价格信号显示你的股票价格及市场价格过高,这时你就应该警惕伴随的风险。当目前股价(以市盈率衡量)是与市场长期平均值相当或低于它时,这表明没有危险信号出现,你的投资组合处在正常水平。如1920～1983年,道琼斯30工业股票的平均市盈率是13.59;1920～1984年间,价值线综合指数内900种工业、零售与交通公司的平均市盈率是14.17,同期标准普尔500指数的平均市盈率是13.15。

以上三种指数的市盈率平均值差异非常微小,因此,当整体市场的综合股市平均市盈率是14或少于14时,你不必担心自己股票的安全性。当综合股市平均市盈率超过18时,价位标准差超过平均值一个σ(代表标准差);当市场平均市盈率超过22时,价位标准差是高于平均值2σ,风险当然是很高的,你就应大幅降低投资组合中股票的比例。

赚钱者的心态

在投资方面，标准差可用作衡量回报稳定性的标准。标准差数值愈大，意味着回报偏离过去平均值也愈大，这表示回报不稳定，所以风险较高。反之，标准差数值愈小，意味着回报较为稳定，风险也较小。如果市盈率平均值达到26，这时价位标准差超过平均值 3σ，就意味着极高的风险，你的投资组合中股票比例应降到最少，而且应将退出的资金转移到其他市场。当然，真正做出退出股票市场的决定不应仅基于市盈率平均值，还需要考虑到其他因素，如其他市场的形势、股票本身的基本面等。

② 萧条前景明朗化。

萧条是因商品和服务需求不足（相对于供应）引起的结果。萧条或经济衰退不仅意味着开工不足，企业的利润增长也会停滞。当萧条的前景出现时，系统性市场风险也会跟着增加，应对方法之一是降低投资组合中的股票比例，这也可能是唯一有效的策略。因为股票市场是一个前导指数，在萧条的前景明朗化之前，股票市场可能已经完成了向下的修正。当萧条逼近时，不足的需求逐渐累积，最终的反应必定是供应链断裂，直到供需重新达到平衡后才会恢复。而生产部门的关闭也会同时拉低需求，工人收入因而也会减少，这实际上形成了一个恶性循环。

在经济萧条期间，公司获利自然不会好，会连带影响股市。如美国大萧条是从1929年10月股市崩盘开始的，到1933年3月，美国全国生产总值下跌24%，这四年间无数家银行与公司倒闭，国际贸易额也大幅下降，全国失业率达20%以上。1933年之后，经济虽然逐渐恢复，但仍然无法弥补先前的损失，大萧条的影响一直持续到1939年才结束。从大萧条的历史来看，萧条期甚至可能长达十年。因此，慎选长期优质股票并建立充足的现金等值储备是非常必要的，这会让你不至于因股市低潮而退出市场，因而也不用担心股市回头时错失良机。

（5）采用防御性策略。

面对系统性风险，股票的脆弱度各有不同。当市场由上转下的反转信号逐渐显现时，你的较佳策略是将资金从较脆弱的股票转移到较坚挺的股票，而非撤出市场。这是一种防御性策略，虽然不会彻底避免系统性风险，但会减轻损失。

防御性策略的具体股票选择标准包括以下几种。

① **低风险值。**

风险值是股价相对于市场波动的量度，挑选低风险值的股票，可以在不利的市场情况下减少系统性风险。

② **可以对抗周期性影响。**

一些行业容易受到商业循环的影响，周期性公司在繁荣与萧条之间剧烈波动，防御性公司则是另一个极端，它对一般的商业形势反应轻微，这种防御性公司的股票对萧条与不利的系统性波动有较强的抵抗能力。在萧条期间，周期性公司面对的是市盈率降低加上获利萎缩，而防御性公司则可能仅是市盈率温和降低。

拥有最大周期性或最小防御性的公司，通常是昂贵设备的制造商，而拥有最小周期性或最大防御性的公司，则是专门生产有刚性需求的廉价消费品公司，这些消费品往往没有更便宜的替代物，如牙膏、香烟、基本医疗用品及常销食品等。

③ **合理的价位。**

如果股价合理，那么跌破成本价（即真实价格）的可能性就较小。

④ **较强的财务实力。**

一家财务实力强的公司，会有较强的能力去应对经济形势的整体衰退。

5. 扩大投资的风险

当投资者扩大投资规模时，应注意采用下列避险策略。

（1）避免时间的限制。

前文提及，如果给自己的投资加上时间限制，将会增加风险，因此，应避免将股票期权或期货等作为主要的投资选项。另外，除非是为了对冲风险，一般来说应避免卖空操作。

（2）避免损害灵活性。

避免选择银行定期存款等有固定期限的产品，除非你能肯定在期限结束前不需动用这笔钱。

（3）注意风险与到期时间之间的关系。

债券的到期日愈长，它的本金风险就愈大。因此，建议不要投资到期日太长的债券。

处事风格与风险

除了以上各种避险策略外，还有一些风险与投资者的处事风格有关，了解以下各项建议将有助于降低这类风险。

● 保持足够的耐性。

巴菲特在决定买进某家企业的股票之前，他通常花上多年时间来关注并了解其基本面。而且，一旦他决定买入，就会大量买进。从这一点看，降低风险的关键在于你是否了解你的投资。如果你不了解它，那你就是在冒风险，可能侥幸赚钱，但最终将因不了解它而蒙受损失。

● **承认自己的错误并保持谦逊。**

不管你的投资能力有多强或运气有多好，你都有可能犯错。你无法彻底避免犯错，但最重要的是你能承认错误并从中学到教训。巴菲特就深谙这个道理，他从不避讳承认自己犯错，并且每年都会在致股东的信中坦承他犯下的错误。例如，在 2015 年致股东的信中，他细数过去 50 年来曾犯的错误。对于最近的错误，他说："身为一个专注的投资者，我要很难堪地说，我原本应该更早卖出特易购股票。""因为浪费时间，我在这笔投资上犯下大错。我太晚决定卖出股票，代价可能很高昂。查理（他的唯一合伙人查理·芒格，Charlie Munger）称这是婴儿吮手指般幼稚的行为。考虑到因为我的延误造成的金钱损失，他的形容已经够仁慈的了。"

● **牢记草率投机类似于赌博。**

● **不要对回报有过高期望。**

如果股市长期回报率仅为 11%，而你的预期回报却超过 22%，那你就会倾向于采取高风险的投机行为。

● **持有与巴菲特相同的股票，并不会保证你获得相同的结果，或是会有较少的风险。因为在大部分情况下，你都是在巴菲特已经买进或卖出股票一年之后才会听到相关信息。**

● **记住，追随市场波动的投资是充满风险的。**

市场随时会爆发大事件，这将迫使你卖出股票。巴菲特并不追随市场走，相反，他追随企业，为此他视自己为企业分析师，而非股票分析师，后者正是市场的追随者。

● **不考虑管理的投资是冒险的。**

巴菲特曾说过，购买一家没有妥善管理的零售商，就如同买进一座没有

赚钱者的心态

电梯的埃菲尔铁塔。

● **只因你有钱就买股票是冒险的。**

买股票的前提当然是你有保障生活之外的余钱，但就算你有多余的钱，也不意味着你就理所当然可以进场买股票。

从长期看，股票市场是往上走的，但短期则是难以预估的，因此，有时最好的投资就是没有投资。在1985～1988年间，巴菲特没有买进任何股票。而且，从2004年起的10年间，巴菲特也没有改变其投资组合中的任何成分股。由此可见，巴菲特从来都是特立独行的，他不但不会像一般投资散户那样从众，而且是反向而行，通常是别人大卖时他却大买。究竟是哪种力量驱使散户投资者形成强烈的从众意识？下章将针对这个问题进行探讨，此外也将解密投资领域中最微妙，同时也是最令人困扰的心理现象——心理账户。

> **小提示**
>
> 从表面上看，从众意识与心理账户似乎是两个不相干的课题，但实质上它们都是风险的源头，原因在哪里？请见下章分析。

第七章

从众意识与心理账户

一、摆脱盲目的从众意识

二、审视你的心理账户

从众意识，顾名思义，就是跟随主流走，或跟着预想中的赢家走的意识。股价趋势的形成与从众意识有密切关系。从众意识代表的是没有主见，随潮流浮沉。由于潮流并非理性的产物，所以从众意识当然不是理性意识。至于心理账户，那就更微妙了，俗话说"人人心中一本账"，这本"存于心中的账"上有很多个心理账户。

　　人会将不同来源、不同用途、不同形式的钱，放到不同心理账户里，每个心理账户里的钱互不流通。而且，我们对每个心理账户的钱也有不同的使用态度。这往往会使投资者产生不理性决策，最终导致投资亏损。

　　从以上的简短叙述来看，从众意识与心理账户都代表着非理性，它们本身就是风险的源头之一。你如果要降低来自自身的风险，首先就要清除这些源头。

一、摆脱盲目的从众意识

当每个人都对股市看涨时，你就要特别当心了！因为这时很多股票不仅估值过高，而且是极度超高。此刻影响市场动能的最大因素并非是经济形势，而是心理层面。行为金融学先驱、耶鲁大学的席勒教授认为，股价的过度波动与那些影响投资者决策的群体情绪有关，与股息和盈余没有多大关系。因为在许多情况下，投资者可能以为他们采用的是一种有效的策略，但实际上他们的决策只是在跟随主流。或者换一种说法就是，大多数时候我们觉得好像自己是行动的独立中心，不管我们读到何种新闻，听到何种观点，或在计算机屏幕上看到什么，我们都能理性地分析思考，最终做出独立决策。然而，事实绝非如此，我们常常会在外部因素的影响下做出从众的决定。

如果我们将从众意识视为一种心理症状，就会更容易理解。尽管投资者可以认识和深入理解从众意识，但想要维持独立思考仍然是非常困难的。我们面临的风险愈多，我们就愈会担心损失，焦虑程度也会愈高。当焦虑增加时，我们将会逐渐失去独立判断及自我反思的能力。这样，我们将无法对市场波动做出正常反应。换句话说，当我们进行买卖决策时，我们心中早已存在的观念或信念会与市场数据相互影响。

例如，假设你是 A 公司的股东，当看到 A 公司的股票下跌时，内心免不了会这样想："我怎么这么倒霉，每次我一买股票它就跌。"A 公司的股票跌得愈惨，这种倒霉的感觉就会愈强烈，于是，你就会追随大批散户股民迅速卖掉这只股票。

自我反思的重要性

只有一种方法可以对抗这类先入为主的观念，那就是后退一步，进行自我反思："哦！是的，正是在这种时候，我不能让我的'倒霉执念'损害我对这家公司基本面的客观评价。"但糟糕的是，当一个人焦虑时，自我反思意识是很难存在的，因此，投资者在焦虑时仓促卖掉持股的情况更容易发生。然而，就像任何其他心理学症状一样，卖股票所代表的意义不仅是投资者的情绪平衡失调，也代表投资者渴望恢复心理平衡，解脱困境，以克服焦虑。因此，卖股票包含健康与不健康两种心理动机。

其次，投资理财是非常私人的事务，在每天收盘后，每一位投资者都只对自己的收益与损失负责，直接感受投资结果带来的喜悦和压力。同时，对于大部分投资者来说，无论市场多么热闹，无论是不是从众，每一位投资者心中都有不可言说、不愿分享的想法和感受。最后，这些因素引发的心理危机群体性地爆发出来，熊市就由此产生。

换句话说，投资者习以为常的平衡状态一旦被打破，他们的自我意识就会受到威胁，出现心理危机。这种现象特别容易在以下情形出现———一家我们平时熟悉的公司发布了一份很糟糕的财报，或长期平稳的市场突然产生大幅波动。例如，2001年9月11日，纽约世贸中心遭遇恐怖袭击，许多投资者惊慌失措，纷纷卖掉持股，似乎世界末日就要来临。但5个交易日后，市场就出现了强力反弹，到年底，市场价位回到崩盘前的水平（图7-1）。

这个例子说明，如果有突发事件打破市场平衡，你应做的是保持冷静与耐性，不追随市场脚步，静待市场回头。同等重要的是，你必须准备一笔额外现金或现金等值账户，以便在市场回头时抓住购买时机。

第七章 从众意识与心理账户

图 7-1 2001 年 9 月 11 日纽约世贸中心遭恐怖袭击前后美国股票市场走势

🗝 群众意识与自我意识

人们不管性别、年龄大小或是学历高低，为什么都容易跟着起哄？唯一的解释就是：当一群人在一起时，个人容易失掉自我意识。换句话说，当你处于群体之中时，自我意识将融入群体意识之中，你只是群体的一分子，你的自我意识已经不存在了。

股票市场本质上是一大群投资者共同参与的市场，当许多人同时追捧一些股票时，你可能觉得这种追捧必有道理，如果不跟着买，就意味着自己无知，同时也会是一名输家。以上心理状态再加上各类媒体资讯与分析师的预测等，都会助长这些股票飞涨。心理学家将这种追随"许多人"起哄的现象称为"一窝蜂直觉"，这是推动股价不合理飙涨的最大动力。有时候，"许多人"可能是对的。但在投资市场，经常追随"许多人"就很容易出错。

投资市场的从众行为是非理性行为，是一种经常出现的普遍现象，通常

赚钱者的心态

是指散户投资者在信息不确定的情况下盲目听信他人意见、追随他人决策的现象，这种群体行为对市场稳定与效率有很大的负面影响。

投资者总是关注其他投资者在做什么，例如许多投资者每天关注财经新闻或在互联网论坛讨论股票行情，每天都会审视自己的投资组合。一旦有相关事件发生，各地的投资者通过互联网或手机能同时知晓，这些因素就会促成群体行为的发生。

互联网公司的从众效应

追随群体行为造成的后果是会扩大心理偏见，最终导致追随者做决策时是基于群体感觉而不是基于严谨的分析。此外，如果你知道其他许多人也挑选同一只股票，挑错股票的挫败感就会较低。当很多投资者同时受到自身心理偏见的影响同时进行买卖时，整体市场将受到影响。20世纪90年代末，美国互联网公司的非理性繁荣就是一个例子。当时，很多投资者和分析师早就因为互联网公司的过高估值而感到困惑。例如，当时的股票市场平均市盈率为15，但雅虎的市盈率却是1,300，而易购的市盈率竟达3,300。

又如1999年上市的互联网玩具零售商埃特斯，其膨胀的股价使公司总市值曾达到80亿美元，但其年度盈余仅有2,860万美元。另一家也是卖玩具的老牌龙头公司玩具反斗城并非互联网公司，虽然它拥有3.76亿美元的年度盈余，但其市值仅有60亿美元，这意味着玩具反斗城的获利能力虽是埃特斯的17.5倍，但市值却更低。互联网泡沫破灭后，玩具反斗城迅速建立起自己的在线零售网，而埃特斯的市值却跌到2,900万美元。

以上两家玩具零售商在20世纪90年代末的此消彼长并非特例，事实上，互联网公司的从众效应在当时已经达到疯狂的程度，只要公司将其名称改为一个更花哨的新名称，并加上".com"来与互联网挂钩，投资者就会趋之若鹜。在他们眼中，只要公司名称之后有这个后缀，这些互联网公司的股价就会像坐火箭一般，不管有没有赚钱，都一直涨个不停。

例如，有一家互联网技术书籍零售商，鉴于顾客常拼错或忘记其先前的网址，经营者灵机一动，将公司名称改为较容易记住的 fatbrain.com。虽然只改变了公司名称，并没有改变经营策略与内容，股价在一天之内竟上涨了 33%。

从 1998 年年中到 1999 年年中的一年间，美国总共有 147 家公开上市公司将名称改为带有 .com 或 .net 后缀的新名称，或干脆改为包含 Internet 字样的新名称。在公开宣布改名后的 3 个星期内，这些公司的股价平均上涨了 38%。而且，在 3 个月内不曾稍微下跌。以上这些公司中，如果改名前就是互联网公司，改名后股价平均上涨 57%。在互联网泡沫于 2000 年破灭后，有 67 家公司迅速把 .com 或 .net 后缀删除。此后两个月内，这些公司的市值下降达 64%。

🔑 机构投资者的从众行为

上述互联网公司的快速兴亡史，事实上与从众效应有着密切的关系，这确实可用"成也萧何，败也萧何"来形容——从众效应能让一只股票快速飞涨，也能让它快速下跌。因散户投资者通常追高买入，所以因从众效应而亏钱者大有人在。

除了散户投资者容易产生从众意识外，在机构投资者（或基金经理人）中也存在同样的现象，他们通常关注相同的市场信息、采用相同的金融模型与信息处理技术，导致相似的投资组合与对冲策略。在这种情况下，基金经

赚钱者的心态

理人可能对盈余预警或分析师的建议做出相同的反应，因而在交易活动中展现出从众行为。特别是基金经理人往往会推测、模仿并追随同行的交易行为，以免自己的表现落后于市场基准或同行业绩。当从众行为出现时，就意味着许多机构投资者可能在同一时段交易相同的股票。由于机构投资者的交易量很大，这会导致市场大幅波动，从而破坏市场的稳定。

另一种相反的说法是，机构投资者的从众行为不一定导致市场不稳定，因为他们通常比散户投资者掌握更多的市场信息，同时他们对股票的真实价值具有更可靠的评估能力，所以他们有可能在同一时段一起买入价值低估的股票，而一起卖出价值高估股票，这种从众行为与散户的非理性行为相互抵消，使得股价趋向稳定。

比较以上两种截然不同的说法，笔者更相信前者，因为机构投资者持有的一些质优股票往往高达流通量的 50% 以上，如果有多家机构投资者对信息做出迅速反应而同时买卖某只股票，将会使该只股票价格在早晨开盘时就跳空上涨或暴跌，也意味着市场指数在刚开盘的瞬间就可能升降百点以上，这些现象都是由机构投资者的从众行为造成的。当然，这种行为也可能会使市场变得更有效率。

二、审视你的心理账户

传统经济学家认为，相同数额的资金是等值的，它们不会因来源与用途的不同而对投资者的决策产生不同的影响，因此，他们认为 2 千美元彩票奖金和 2 千美元薪资收入是等价的。但实际情况是，对于工作所得与其他所得（如股息、股市投资利润或意想不到的遗产及保险理赔等）这两种不同来源的金钱，投资者在心理上常会存在不同的估值，并会无意识地依来源将它们分类，纳入不同的"账户"。此后，针对不同账户会有不同的记账方式及心理运算规则（如倾向于更轻率地使用其他所得等），这就是心理学家塞勒所说的"心理账户"。

为了阐明这个概念，塞勒讲了他自己的切身体会：有一次他去瑞士讲课，报酬相当丰厚。他很高兴，讲完课就在瑞士旅行，整个旅程非常愉快。但瑞士是全世界物价最贵的国家之一。后来，他又去英国讲课，报酬也不错。然后，意犹未尽的他又去瑞士旅行了，可这一次觉得什么都很贵，玩得并不开心。

为什么同样是在瑞士旅行，花的都是讲课挣的钱，前后两次的感受完全不一样呢？塞勒自己分析，原因就在于第一次他把在瑞士挣的钱跟花的钱存在了同一个心理账户里；第二次则不是，他把在英国挣的钱存在一个心理账户里，而在瑞士的每一笔花销都是从这个心理账户"转账"到另一个心理账户。

🗝 心理账户对投资的影响

塞勒系统地分析了心理账户的分类与特征，以及它对投资者决策行为的影响。他指出，在日常生活中，心理账户无处不在，在其影响下，投资者的决策时常违背传统经济理论的预测，因而常会出现无法预期的结果。

例如，人们会更珍惜辛苦工作所得的收入，不会轻易将它们投入高风险投资，但对红利、利息或意外之财则常轻松处之，比如用它们买入高风险股票或用来买彩票。又如房产的增值与股票的增值，在投资者心中也绝对具有不同的分量，当某天你在房地产网站看到自己的房屋增值了3万美元，这自然是一件好事，但它却远不及你在经纪公司网站上看到自己的股票账户增值

3 美万元那般高兴。

以上两笔资金虽然金额相同，但心理上的分量却是不同的，这意味着投资者在心理上分别为这两笔不同来源的资金建立了两个不同的账户，每一个账户都有其不同的用途，或者不同的投资策略。如果将这种概念延伸到股票投资，就会发现投资者的决策常常是以心理账户的计算结果来作为依据的。由于投资者心中可能同时存在多个不同的心理账户，每个账户的价值标准都不同，因而容易造成非理性的投资行为。

心理账户的一个重要特征是"狭窄框架"，让我们以赌局来打比方。人们在同时对待数个赌局时，常常具有将其中一个赌局与其他赌局分离的倾向。这意思是说，个别赌局常被另眼看待，而不会将它与先前存在的赌局结合起来分析，以衡量它是否值得押注。如果将股票投资视同一场赌局，那么狭窄框架的现象也可以应用到多数投资者参与的股票投资上。其实，根据塞勒的说法，不仅是个人存在心理账户，连家庭与企业等群体也都明显地或潜在地存在各种心理账户，针对这些账户具有不同的行为反应。

"逐一品尝"和"合并关闭"

如果投资者的一些股票被套牢了，那么这笔投资就变成了一种沉没成本（即已发生且无法回收的成本），投资者会把它计入"有赤字的心理账户"。沉没成本会带来心理压力，但会随着时间的消逝而逐渐减轻。因此，如果投资者较晚而非较早卖掉赔钱的股票，他们可能就不会那么心痛了。当投资者一旦决定卖掉赔钱的股票，他们可以在同一天同时卖掉好几只，这样可以将挫败感限制在一个短时间框架内。换句话说，投资者能将有赤字的心理账户合并起来，并将它们同时关闭，以使挫败感最小化。

另一方面，投资者会把盈利的投资计入"有利润的心理账户"，喜欢以间隔数天的节奏卖出其赚钱的股票，以延长获利的成就感。这种说法是有事实依据的。行为金融学家对1991～1996年间的5万个股票账户的42.5万次卖出交易进行了分析，他们发现，投资者可以轻松地在同一天卖出多只亏钱股；如果一天内已卖出一只赚钱股，那么在同一天内，他不大可能再卖出另一只赚钱股。投资心理学家认为，投资者可能是以"逐一品尝"的方式对待有利润的心理账户，来把成就感最大化；以"合并关闭"的方式对待有赤字的心理账户，来把挫败感最小化。无论是哪种情况，投资者都会全神贯注于自己的心理感受，而把投资原则和避险策略抛到脑后。

此外，一个有趣的问题是：如果同时卖掉亏钱股与赚钱股，能减轻挫败感吗？这个问题的答案当然是依损失与获利的相对大小而定。但无论如何，有两点值得注意：其一，如果损失与获利的数额相当，根据展望理论，损失带来的痛苦要大于获利带来的快乐。其二，根据心理账户理论，一旦做出决定，投资者很可能会把赔钱股打包在同一天卖掉。

最后，笔者再次提醒各位读者，不要忘记时常审视自己的心理账户，因为它事关你的投资成败。

> **小提示**
>
> 虽然从众意识与心理账户可能会导致非理性买卖行为，但如果你能管控好自己的情绪和压力，就能降低它们造成的损害。针对这些与个人心态相关的情绪问题，我们将在下章探讨。

第八章

找出你的"不焦虑投资法"

一、看清你的投资心魔

二、记忆与认知失调

三、一定能克服的心理压力

四、别让天气影响你的投资决策

一、看清你的投资心魔

每一个人都有情绪、心情与感受,也都有记忆力,但却少有人知道这些与生俱来的东西对投资决策究竟有多大影响。关于这个问题,下文将详细阐释。

为什么情绪对投资决策这么重要?原因在于它决定了风险的承受程度,而风险的承受程度对投资决策(或挑选投资组合)是至关重要的。2015年世界奥林匹克数学大赛中,美国队是参赛21年来首次夺冠。总教练深信,只有情绪稳定与强化动机才能激发潜力,获得最大成功。他在三周半的集体训练中采用新策略,和队员们开心讨论数学,训练之余让大家轻松聊天、打球或玩牌,队员们在快乐平和的情绪下才得以发挥最大潜力。由此可见,情绪是成功与否的重要因素。

一般来说,投资者在面临以下情况时都会体验各种情绪。

- 思考自己的投资选择。
- 决定承受多少风险。
- 市场大幅波动时。
- 评估是维持现有策略还是改变策略。

前文曾提及,贪婪与恐慌联手驱动金融市场,但这种说法仅说对了一部分。当恐慌上路时，大部分投资者的反应是展现出较少的贪婪，却怀抱较多的希望。恐慌导致投资者关注那些特别不利的事件。

如果将随着时间推移而变化的情绪想象成是一条左右走向的线（可以称之为"情绪时间线"），那么，当这条线从左端向右端延伸时，投资决策是居于线的左端，而目标则在线的右端。投资者沿着时间线经历了各种不同的情绪，其间决策在左端，等待在中间，而在右端得知结局。线的左右两极点分别是希望与恐慌，正面情绪位于时间线上方，负面情绪位于时间线下方。在时间线上方，当时间从左至右流逝时，将发生什么事呢？希望变成了期待，然后又转化成骄傲；在时间线下方，随着时间的流逝，恐慌变成了焦虑，然后又转化成后悔。一些投资者的处事原则就是一定要避免将来后悔。

各种情绪层面

从以上叙述来看，希望与恐慌不过是情绪时间线的左右两极点，随着时间的流逝，它们将会转化成其他类型的情绪，如后悔、悲伤、厌恶、恐慌、生气、骄傲与贪婪等，以下将分别解析。

1. 后悔

后悔是每个投资者不可避免的经历，它会触发行为金融学上最常见的行为偏差——亏损股的持有期常会长于盈利股的持有期，也就是说，投资者常常抱着亏钱股不肯出售。许多专家相信，为了避免后悔，投资者继续持有亏钱股，内心盼望它们会回头，这种心态能为他们当初的购买决策进行最后的掩护。

一些实验显示，接受经纪人的正确建议后买进股票的投资者，对投资结果的整体满意度低于由他们单独做决定的情况。而在情绪上，由自己单独做出的赚钱决定要比听经纪人建议更让他们欢欣鼓舞。然而，如果股票赔钱，结果就会恰恰相反，即投资者对于自己当初的买股决定会表现得更为沮丧。换句话说，听从经纪人的建议，会降低由损失导致的情绪冲击。从这个角度看，经纪人的建议是一款不错的"情绪减震器"，它能减轻投资者对获利（快乐）与损失（后悔）的反应。

情绪减震器效应或许可以用来解释为什么许多投资者乐于支付高额佣金给主动管理型基金经理及个别投资顾问，这些专业人士能缓和投资过程中面临的许多情绪上的波动和压力。

2. 悲伤与厌恶

卡内基梅隆大学的詹妮弗·勒纳（Jennifer Lerner）教授从调查中发现，心怀厌恶的受访者倾向于抛弃他们已拥有的东西，且不愿再去触及类似的新东西。因此，他们倾向于降低消费目标的买卖价格，也就是说，即使他们面临不利的价格，也宁愿卖掉其持有物，同时不愿用低价买入类似的新物品。

至于悲伤的情况，勒纳注意到，它会促使一个人去改变现状，因而提高买价或降低卖价。与正常情绪状态的人相比，那些看了悲剧电影片段的人更容易轻视拥有的东西，却更看重未曾拥有的东西。勒纳推测，人们是通过购物来缓解沮丧感，这可以称之为"零售疗法"。

那些强迫购物症患者大多都经历过悲伤，但是，购物反而会加重这些患者的沮丧心情，形成恶性循环，只有抗忧郁药物才能缓解这类病症。2008年金融危机爆发时，市场波动导致的厌恶和悲伤情绪，使大量散户投资者低估股票的价值，抛售了投资组合中的持股。2009年与2010年初的股市反弹证实，危机中的大部分散户投资者都选错了卖出时机。

3. 恐慌与愤怒

根据勒纳的说法，具有确定感（如快乐或生气）的情绪将导致决策者凭直觉迅速做出决定，而具有不确定感（如焦虑与悲伤）的情绪将导致决策者瞻前顾后。愤怒与恐慌这两种负面情绪在控制尺度上有些不同，愤怒的人觉得自己对事情的结果拥有较大的控制力，同时也认为别人需要为问题负责。处于恐慌的人对于负面情绪究竟来自何方存在不确定感，他们对怎样消除负面情绪也缺乏控制感。而对于结果究竟有多糟糕，以及谁应该负责也不清楚。为了消除这些不确定性，他们会更彻底地对情况进行考量并认真研究新信息。

处于恐慌的投资者厌恶风险，而愤怒的投资者比较像快乐的投资者，他们更能面对风险。承受风险的决定性因素是掌控感，心怀恐慌的投资者感到不安全，好像一切都失控了，当市场下跌时，他们会更轻易地卖掉持股。当卖掉了一些自己认为有风险的股票后，他们就会觉得自己的控制力增强了，因此，反而能更坚定地持有另一些下跌中的股票。

4. 骄傲

作为一个投资者，你肯定曾做过一些成功的投资，也曾做过一些糟糕的投资。当从股市赚了钱后，你会感到兴奋，信心倍增。这时，骄傲情绪不禁油然而生，你的大脑开始膨胀，开始赞赏自己的投资天赋。一旦如此，你的运气就要开始走下坡路了，其严重性与你的骄傲程度成正比。骄傲导致傲慢，兵法有云，骄兵必败。股票市场如同战场，你一旦骄傲，股市滑铁卢马上就会来临。

赚钱者的心态

骄傲导致过度自信，这是非常危险的。在股市，你偶然盈利了一次或几次，并不表示盈利将会持续。事实上，当你从股市赚到钱时，你应立即反思风险藏在哪儿？下跌空间有多大？

5. 贪婪

巴菲特在2004年致股东的信中写道："如果投资者想抓住股市时机，就应当在其他人贪婪时感觉到恐慌，当其他人恐慌时他们应该贪婪。"从亚当·斯密到弗里德曼等经济学大师都曾指出，贪婪是不可避免的，在某些方面，它们是资本主义的理想特征。贪婪虽有助于维持经济发展，但同时企业经营者也应时时反思，以免扩张过快，危及经营。

在股票投资方面，贪婪会导致几种浮躁的决定，如过度交易，追逐高价股，以及不充分的调查等。广泛地说，贪婪是以下几种因素的综合结果：对获利的企盼、追求机会的强烈动机、对风险的疏忽以及对超额利润的追求等。毋庸讳言，追求持续获利的贪婪是傲慢之火的绝佳燃料。

从散户投资者的角度看，贪婪与恐慌等情绪对投资确实有不利影响。因此，如何管理好这些与投资如影随形的负面情绪，是一项持久性的工作。有纪律性的自我反思可能是一个较好的方法。然而，自我反思涉及记忆，如果记忆被歪曲（即所谓认知失调），又怎么能做好反思工作呢？

┃ 二、记忆与认知失调 ┃

所谓纪律性，指的是一种受到控制的行为或工作方式。自我反思是一种内省的工作,它涉及对过去经验的检讨或是对记忆的回顾。纪律性的自我反思通常会导致较合理的投资决策,为什么这样说呢?这一切都与记忆有关。记忆是我们能记住的人与事的总和,它为我们提供学习的能力,以及在与过往经验相适应后建立起彼此关系的能力。根据记忆回顾或重新确认以前的经历,可以帮助我们修正对未来的决策。

记忆的影响力

更具体地说,记忆可以帮助我们做出这样的决定——对过去的一些经历,我们应将它们当作未来的行事典范还是惨痛教训。例如,某一笔曾造成情绪较大波动的投资,由于它在你心中已留下负面的记忆,未来你会极力避免(甚至过度避免)让自己重蹈覆辙。相反,如果该笔投资是美好的记忆,未来你将会乐于故伎重施。因此,对过去经历的不准确记忆,可能在未来导致错误的投资决策。

以下是一种股票投资者常有的体验:股票价格模式能影响投资者的未来决策,例如投资者如果同时以每股100美元买进生化公司与制药公司两只股票,到了靠近年底时,生化股慢慢跌到75美元,而制药股则在年底前还停留在100美元水平,但到了年底它突然跳空下跌到80美元。这样,就年底表现看,生化股是不如制药股的。然而,因为在投资者记忆中,制药股的大跌是在极短的时间内发生的,所以投资者对它具有较大程度的痛苦记忆。生化股虽然表现得更差,但下跌缓慢的记忆产生的痛苦情绪更少,因此,当第二年投资者考虑怎么处置这两只股票时,他可能更倾向于出售制药股。相反的情况是,如果生化股到了年底股价缓涨到125美元,而制药股在年底时突然跳空上涨到120美元,那么即使后者的表现不如前者,投资者仍会觉得它更好。

什么是认知失调？

认知失调是记忆的另一种形式，它对投资决策也具有负面影响。什么是认知失调？以下用一个人人皆知的童话故事来说明。

在《白雪公主与七个小矮人》中，白雪公主的继母就犯了认知失调症。在白雪公主7岁之前，继母从魔镜中得到的回答都是"你是世界上最美丽的女人"。但随着年纪的增长，白雪公主变得愈来愈漂亮，到她7岁时，继母从魔镜中得到的回答就变成了"你不再是全世界最美丽的女人，白雪公主比你更美丽"。从此，继母视白雪公主为眼中钉、肉里刺，一心只想除掉她。

从上面的童话故事中可知，继母在一段时期内经历了两种截然不同的认知，即她过去从心底认定自己是全世界最美丽的女人，这正犯了过度自信的毛病，但最近的记忆却提醒她"你不是最美丽的女人，最美丽的女人另有其人"。矛盾的记忆导致她产生极不愉快的感觉，这种感觉就是所谓的"认知失调"。

认知失调的意思就是两种记忆相互斗争，为了避免心理上的痛苦，人们往往忽视、拒绝或矮化那些负面记忆，同时专注接受或扩大正面记忆。这种做法的结果往往是认知的改变，或是像白雪公主的继母那样，为了掩盖事实干脆去消灭所有负面记忆的痕迹和证据。

"禀赋效应"与"确认偏见"

认知失调特别容易在这种情况下发生——当我们面对的信息不利于我们已经进行的投资，这时我们更有可能去否定它，而不是客观地去分析它。例如，

第八章 找出你的"不焦虑投资法"

当一名分析师或基金经理发表看跌某只股票的评论，这时股票持有人的典型反应通常是不以为然，他们往往会自动假设批评者是错的。这种反应是禀赋效应的自然结果。

禀赋效应是指我们珍视自己拥有的东西重于未曾拥有的东西。在投资方面，就是我们倾向于认为自己已经做出正确的决定，并高估自己正确分析风险的能力。然而更糟的是，我们还会合理化自己的观点，这就是一种典型的确认偏见。所谓确认偏见，指的是专门寻找一些能支持自己观点的信息。因此，那些认为股价将上涨的投资者会更注意那些前景展望一片光明的报告或评论，那些预期股票将下跌或经济形势将走坏的投资者则会注意那些前景展望一片暗淡的报告或评论。投资者当然可以有自己的看法，但问题是市场总是存在着一些与你持相反看法的交易者，当你卖出时，买家心想买便宜货的机会来临了；当你买进时，卖家认为它是一笔不良投资。

主观上扩大问题是我们大脑的一种短视反应。当市场回调（下跌10%～20%之间）时，投资者害怕熊市可能会接踵而至。当熊市（下跌多于20%）发生时，投资者会害怕下一场大规模金融危机会重演。另一方面，当有牛市苗头出现时，过度乐观的情绪就会产生，投资者更容易忽视下行风险。

以上论述说明，认知失调能以两种方式影响投资决策：首先，投资者可能无法做出重要决定，因为他们实在是太焦虑了，以致毫无头绪。例如，当考虑进行储蓄时，一些人可能会想象到一个"投资无能"形象，为了避免未来的烂形象与目前心中的自我好形象冲突，他们倾向于彻底避免储蓄。其次，对新信息的过滤限制了我们评估与检测投资决策的能力。如果投资者忽略了负面信息，他们怎么能对投资组合做出必要的调整？

认知失调导致投资者主动过滤掉或删掉一些负面信息，只关注一些正面信息,因此,他们记忆中的过去表现要好于实际情况。换句话说,他们将自己看成是成功的投资者,这样才能使投资回忆顺应现今的自我认定。在这种心理状态下,不管过去表现如何,他们只记得自己一向做得很好,这与赌徒永远不认输的劣根性可谓如出一辙。要去除认知失调带来的各种负面反应,投资者首先要靠理性来管控自己的情绪与心理压力。

三、一定能克服的心理压力

以下是一个投资者在股票投资过程中的心理转折案例,他的经历可能是许多投资者共同具有的。

最近丹尼尔很郁闷,因为他一向是个喜欢自己做决策的人,但不知什么缘故,自从年初到现在,接连17次投资全都失利,这使得他对自己的投资信心发生动摇,再加上巨额金钱损失,使得他心头蒙上了巨大的阴影。为此,他去见一位对投资很有研究的心理医生彼得森先生。丹尼尔的这17次失败投资分散在数个不同的资产类别,并且分别发生于牛市与熊市,从这一点看,其失败与投资时机和投资类别无关。

丹尼尔虽然是个理性的人,但投资连续失败使他产生了一种"老天抛弃了我"的感觉,因此,他大部分日子都觉得沮丧与郁闷。当与彼得森医生见面时,丹尼尔告诉对方,他是一个基本面投资者,习惯于买进便宜的股票与大宗商品,当市场上涨时他就卖掉它们来获利。丹尼尔同时也喜欢投资1美元以下的超低价股,原因是这类股票的价位变化较快(即投机性较强),而且波动幅度也较大。如果运气好,可以瞬间获得大笔利润。

根据丹尼尔自述的买卖技巧，显然他并没有遵循他自己的投资原则。丹尼尔说："当我关注的潜在投资产品开始起涨时，我买进它。"那么什么时卖掉它呢？丹尼尔说："如果它不但不涨，反而下跌时，我就卖掉它。"丹尼尔的投资策略为什么会变成这样呢？他说："我猜是因为我太担心亏损了，我只是跟着市场变化走，一心只想着别赔钱。"

心理压力的产生

丹尼尔投资失败，问题当然不在于"运气坏"，也不是"老天抛弃了他"，而是在于"心理压力"。当短期心理压力上升时，投资者通常会本能地出现以下心理反应：如果不采取一些外在行动，我们将难以从自身内部去缓解它，而这些缓解心理压力的外在行动往往都是一些比较极端的行为，如快速抛售等。短期心理压力最具挑战性的一面是，我们无法获得较广的视角，以致所有的注意力都集中在一个狭小的短期时间框架内。

心理压力是怎么产生的呢？当预期与现实之间发生冲突时，心理压力就会产生。例如，当我们预期一种自己无法达到的结果时，或者面对每况愈下的形势时，或者我们意识到无法控制自己的投资风险时（这种情况通常发生在市场大幅波动之际），以上三种情况都会产生心理压力。低水平压力可以产生激励人心的力量，能促进思考，提升注意力，并产生正能量。至于中度压力，如果是短期的，对大部分人而言感受还是好的。如果能成功应对，对身体与情绪都会有好处。

短期的高度压力可激发出勇敢面对并战胜恐慌的勇气。最坏的情况是旷日持久地处在高压之下，这将导致许多负面的身体与心理后果，不仅会损害记忆力与注意力，还会使人盯住负面目标，结果是导致人体加速老化、免疫力下降、睡眠周期紊乱、血压升高、心情沮丧、引发冷漠和倦怠。以上种种不良反应会使人无法做出建设性的决定，而且会降低主动性，让人长期处于消极状态。

压力的正向影响

在投资生涯中，每一位投资者或多或少都承受过压力。压力固然有上面提到的种种负面影响，但也有转负为正的情况。

- 压力会改变我们的思考方向。
- 很多生活中最重要的决定，都是在我们承受压力时做出的，例如投资生涯中的重要买卖决定，或是投资生涯之外的生活大事，如选择哪种专业、与谁结婚等。

两千多年前越王勾践复国的故事是一个典型的例子，通过卧薪与尝胆，勾践让自己时时处于反思与压力之中，以免忘掉亡国之痛。在这个过程中，他制定了一套包括奖励生育、鼓励生产与训练兵马的复国计划，最后得以一雪前耻。从这个故事看，勾践应对长期心理压力的办法是制定一套管理计划并不懈地实践，因此，成功的关键在于完善的计划与自律。

管理压力的方法

当今社会，投资者应对由市场波动导致的心理压力的策略，与卧薪尝胆有类似之处，例如，设计系统性的资金管理方案、树立坚定的投资理念、制定投资压力管理计划，并定期与投资顾问沟通等。换句话说，想要投资成功，建立一套长期性的投资计划是必要的，而非仅仅以短期投资为导向。

一定要记住的是，虽然心理高压常会让我们产生短期性的决策冲动，而且市场的短期波动总是在我们的控制能力之外，但我们可以通过详细的投资规划并保持长期稳定的心理框架，来成功管理我们的长期投资。以下就是一些管理短期与长期投资压力的具体建议。

1. 短期压力的管理

2014年9月26日，比尔·格罗斯（Bill Gross）离开了他参与创办的太平洋投资管理公司。在此之前，他是该公司旗下总回报基金的掌门人，管理的资产高达2,700亿美元。这只基金不仅是当时全球最大的债券型共同基金，而且几乎年年跑赢大盘。在2008年金融危机爆发之前几年，格罗斯就及早发现了市场过热的苗头，再加上太平洋投资管理公司交易员斯科特·西蒙（Scott Simon）的劝告，葛洛斯早早就对手下基金的投资组合进行了调整，大幅提高了国债比例，并买进了一些债券保险。格罗斯的谨慎做法使总回报基金在2006年整体表现平平，落后于同行。

当时，格罗斯的心理压力很大，他不得不给自己安排了一次计划外的九天假期。休假期间，他一直待在家里生闷气。后来他回忆说："我不敢看电视财经频道，也不敢看报纸，这真是一场灾难，我晚上简直无法睡觉。"但事实证明，幸亏格罗斯顶住了压力，他的决策不仅挽救了总回报基金，也挽救了太平洋投资管理公司，保证它们安然度过了金融危机。

市场在短期时间框架内是无法预测的，投资者不可避免地会被卷入一场场业绩比赛。尤其是像格罗斯这样的高级投资经理，有一大堆普通投资者每天追踪他们的业绩，并进行同行业对比，这让他们时刻处于高压状态。投时间框架愈短，心理压力就会愈大。大家不妨试一下，如果眼睛盯着报价板上不断闪动的数字，就会特别容易感受到压力与焦虑。你越频繁地查看股票报价，就可能对股价的波动越敏感。

一般来说，对每一次下跌带来的痛苦感受，你的大脑记忆更深刻，强度是每一次相同比例的上涨带来的喜悦的两倍。如果市场持续下跌，你的大脑将会经历一个缓慢的压力侵蚀过程。为了顶住心理压力，你应该像格罗斯建议的那样未雨绸缪，先在内心划一道警戒线。或许，你可以将10周平均线视为中线支撑，将39周平均线视为长线支撑，看看股价是否会跌破这两条支撑线。如果跌破，再伺机而动。此外，你应尽量无视那些与自己的投资策略无关的财经新闻，这样可以减少投资过程中产生的心理杂音。如果你属于长线投资者，那么，大部分财经新闻几乎都与你无关。

你必须坚持做一些舒缓心理压力的活动，有一些最简单的身体活动是立竿见影的，比如缓慢且均匀的深呼吸。另一种方式是想象自己正面对无边海洋或灿烂星空，在幻想中慢慢地将自己的身心扩展到环绕你的海洋与星空，最后让自己与它们融为一体。此外，到健身房做一次大汗淋漓的运动，和朋友痛痛快快地打一场球等，都能暂时消除或降低短期心理压力。

2. 长期压力的管理

对于长期压力的管理，通常采用的是认知行为心理疗法及压力管理技巧。心理治疗师相信，当承受压力时，一个人的思想与感情常常会重复其模式，最后成为习惯性与条件反射式的行为。如果你能从心理上打破这种压力模式，那么，无益的压力反应就能被暂时中止。

以下提供的一些练习，应该有助于挑战你的负面或无益的心理压力，并且能够有意识地用更具适应性的心理反应来取代它们。这些练习最好每天都能进行。

（1）走出低迷。

- 首先必须认清，情绪低迷会发生在每一个人身上。
- 你这次的低迷并不会比你过去遭遇的任何一次低迷更糟。
- 低迷只是暂时性的，古人云："塞翁失马，焉知非福。"陆游诗曰："山重水复疑无路，柳暗花明又一村。"这些话听起来简单，却都是人生至理，如果能洞悉其含义，你将能轻松走出低迷。
- 不要与低迷对抗，要培养耐性，抓住机会去研究与投资风格有关的理论。
- 将低潮时期看成是休养生息、蓄势待发的缓冲时间。当市场好转时，正是自己东山再起、时来运转的时机。
- 市场是针对每一位投资者的，不会只针对你自己。

（2）培养应变能力。

在投资的道路上，谁都偶然会有摔跟头的时候，养成应变能力可以让我们更快地爬起来，并时时充满朝气。培养应变能力的建议如下。

- 首先，了解自己对压力会有怎样的反应？是退缩逃避还是保持信心？
- 思考采取哪些举措能获得最大的成功机会。

赚钱者的心态

- 想一想当你面对压力时，谁能支持你？
- 尽量争取一些让身心放松的机会或时间。

上述各种管理长短期心理压力的方法，将帮助投资者放松身心，拥有好心态，对他们的投资决策产生正向引导。

四、别让天气影响你的投资决策

投资者的决策依据主要是基于对公司未来的预期。传统情况下，投资者是通过基本面分析与现代投资组合理论来做预测。这些分析工具对未来均有一些确定假设，如公司在未来三至五年的成长率大约是多少？预期回报又是多少？

即使最有经验的投资者，也无法确定哪种分析工具能获得最正确的预测。这些预测模型要求投资者对不确定的未来秉持没有偏见且理性的心态，不幸的是，有充分证据证明，投资者往往因情绪与认知偏差做出有偏见且不理性的决策，即使是一贯使用定量模型做基本面分析的投资者，也无法避免受到自己心情的影响。

心情是一种广义的心理状态，它与情感及情绪等概念密切相关。情绪是针对特定对象或情境的强烈情感，心情只是一种不像情绪那么强烈，而且更广义的感觉状态。例如，一个人如果生气（一种情绪），他通常是针对特定的人或事。然而，当一个人感觉焦虑（一种心情）时，他可能是整天或更长的时间内都处于这种状态，和具体的人或事的针对性不强。在熊市期间，"股票焦虑症"患者激增,医学专家说这种症状出现得很快,然后经常持续好几个月,具体症状除了失眠、易怒、抑郁,还包括对股价神经质般的敏感和专注。

弗兰克的故事

笔者熟识的一位财经新闻记者(我们且叫他"弗兰克")的故事就是一个典型的案例。弗兰克平时工作十分卖力,喜欢与别人交往。但自从股市暴跌,损失全部家当后,他的脾气就变得极度反复无常,有时狂怒,有时又会突然间不明原因地大叫,几乎处于精神崩溃的边缘。从这位弗兰克的遭遇来看,如果你身体和心理素质没那么好或已是年纪不饶人,那你最好考虑从股市抽身,或仅做一些保守型的金融产品投资。

情感是情绪的外在表现,例如哭或笑,而心情只是你的内心感觉。一个人的情感并不总是与其情绪一致,例如一个人可以告诉你他伤心,但其外在表现的情绪却一点也不像悲伤的样子。至于感受(感觉),则代表一种正在进行中的情绪状态或反应(例如爱情、亲情与兴趣等),或者是一种不理性的想法(例如他有被监视的感受)。因此,感受是一种包含情绪与想法在内的更广义的概念。

阳光与投资决策

过去几十年来,心理学家的研究结果显示,即使连太阳都能影响我们的决策。缺乏阳光可能引发沮丧甚至于自杀,或至少让我们的情绪不高。当阳光普照时,我们感觉良好,好的心情使我们对未来有乐观展望,并影响到我们的决策过程。从这个角度看,我们的投资决策是可能受到阳光影响的。例如,在阳光普照的日子,投资者心情可能会更好,对股票的展望也会更乐观,股票交易更可能是买多卖少。如果这类投资者的人数足够多，就会影响股市动向。

同理，股市回报也存在季节性变化。心理学家发现，秋季与冬季白天阳光量较少，往往导致许多人心情沮丧，这被称为"季节性情感失调"。据信，有1千万美国人存在这种心理状况，另外有1,500万美国人则有轻度冬季抑郁的情况。这些人是比较悲观的，风险承受力较差，而乐观的人则恰恰相反。

行为金融学家对全球七个股票市场（澳大利亚、英国、加拿大、德国、新西兰、瑞典及美国）进行了调查，他们发现从立秋到冬至这些天日光量较少，股市活跃度较低；在离赤道越远的国家（如瑞典与英国），阳光对股市影响的效果越明显。

乐观者与悲观者

悲观固然不利于投资决策，但乐观也会扭曲一个人的信念与判断。乐观的人相信自己比别人更不可能得病或离婚，或是遭遇意外情况，这种信念可能会导致乐观主义者去冒不必要的风险。同样道理，处在好心情的投资者也可能受害于乐观决策，相信自己不可能挑选到烂股票。因此，乐观主义以两种方式影响投资者。首先，乐观投资者往往在选股方面更少做批判性分析。其次，他们往往会忽略或淡化关于其股票的负面信息。

换句话说，乐观投资者较易坚守其信念，即使公司已发布负面消息，他们仍旧认为自己投资的公司是很好的。股价上涨常来自乐观投资者的推动，如果有许多投资者看好同一只股票，同时另有其他许多投资者持悲观态度，乐观者将通过买进来促使股价上升，但这不会使悲观者更悲观，他们只会袖手旁观，所以不会影响股价。

第八章 找出你的"不焦虑投资法"

　　当股票价格长期原地踏步时，通常意味着乐观与悲观投资者处于势均力敌状态。一般来说，完善的大型公司不确定性较少，所以其股价通常更能反映公司的真实展望。例如通用电器与英特尔等著名公司，对乐观与悲观投资者来说，都没有太多想象空间。

> **小提示**
>
> 　　乐观与悲观心态除了能影响投资者的决策外，通常也会影响他们留在市场的时间长短，这是什么道理呢？下章见分晓。

第九章

只要有耐性，你就是赢家

一、用巴菲特的眼光看市场

二、如果你缺乏耐性

三、培养耐性的方法

沃顿商学院教授西格尔在《投资者的未来》一书中指出，投资者如果坚持其最初的投资目标，自始至终完全不改变其投资组合，长年下来不仅能跑赢大盘（即市场），其绩效更是远胜于顶级专业投资者。换句话说，"随它去"型投资组合的长期绩效优于大盘。从1957年至2000年初，标准普尔500指数的成分股中，有近1千家已经被淘汰替换。西格尔估算，投资者如果在1957年买入该指数全部500只成分股，此后不改变投资组合，任由企业存亡，那么，到2003年底的年平均回报率是11.3%，高于同期标注普尔500指数的年平均回报率（10.3%）。

西格尔认为，产生以上现象的原因是，刚加入标准普尔500指数的新成员，通常是年轻且高速成长的企业，其股价往往被高估，未来上涨空间有限。但50年后尚能存活下来的老企业，其估值往往偏低，未来的价格成长空间较大。因此，西格尔的投资名言是：放着不管。换句话说，只要你有足够的耐性，你就会是一位投资赢家，前提当然是你对企业的前景保持乐观心态。

例如，沃亚企业领导信托基金是一只投资模式类似巴菲特价值投资的基金，它自1935年买进30家主要企业股票后，至今都未改变其成分股的持仓。该基金主要投资在工业股及能源股，并少量持有银行股，过去5年或10年的业绩都超过了98%的同业。

西格尔的"随它去"策略不仅适用于基金与投资组合，同时也适用于单只股票。1915年11月11日在纽约证交所上市时，国际商业机器公司的发行价为47美元，现在1股已拆分为11,879股。在2015年，该公司股价虽然下跌了16%，但如果自上市之初起算，它已为投资者带来3.4万倍回报。

时间是投资者最好的朋友，但也是最坏的敌人。在执行投资计划时，它是最重要的变量。而一项投资的持有时间不仅影响风险水平，同时也影响回报率。不仅如此，在决定资产分配、个股选择等方面，时间也是最重要的考虑因素。它既是客观现象，也是主观现象。客观时间是可被定义为秒、分、时、日、月、年的长短间隔，如果想理解客观时间在投资过程中的重要性，不妨看看复利（在计算利息时，某一计息周期的利息是按本金加上先前周期所积累的利息总额来计算）效应在30年间对财富增长的影响。

假设你将1千美元投资在每年复利14%的退休账户，30年后，它将增长到约51,000美元。复利效应是一把双刃剑，它能通过通货膨胀来侵蚀我们的购买力。一个温和的4%通胀率便能在18年内将1万美元的购买力降低到5千美元。如果你的年纪是40岁，银行定期存款的利息为3%，那么4%

的年通胀率将会摧毁你的长期投资规划。你的1千美元存款在30年后也只会累积到2,427美元。如果你扣除至少50%的购买力下跌,那么它的价值可能就回到了1千美元原点。

主观时间可被定义为我们每个人对时间流逝的独特感受,不可量化,也无从比较。以下例子显示,同样是18个月,但心理上的感觉却不一样。假设18个月以前,一位平时熟悉的分析师向你推荐A股票,但你没有买进,目前它的股价已涨到过去的3倍。这时你不禁跳脚,心里直怪自己"为什么我不在13美元时就买进?我一生会有几次机会能在这么短的时间里赚这么多利润?"

不久之后,还是那位分析师又向你推荐Z股票。他说,基于对该股票基本面的评估,它在18个月内可能涨升3倍。这时,你心想"把我的钱套这么长时间,万一它没涨那么多,我可怎么办?"为什么面对不可测的未来,18个月的感觉会是如此漫长?对于已确知结果的过去18个月,它却似乎是那么短暂?这纯粹是一种主观时间感觉。

投资者的心理障碍

事实上,我们对过去的感觉以及我们对未来的希望与担忧都是持续性的存在,这些现象对投资者都是特别鲜活的。对于有耐性的长期投资者来说,以下是一些常见的心理障碍。

1. 危机与失败的阴影

我们的投资决策总是会受到过往损失与恐慌的影响。过去的市场危机和个人决策失误，都会给我们留下心理阴影，在不知不觉中影响我们的长期投资决策能力。

这些心理阴影会在投资者心中重叠，重叠得越厚，他们就越可能专注于短期交易，而非长期交易。在长期投资过程中，钱离开我们口袋的时间较长。在等待投资结果揭晓的过程中，我们经历了控制力减弱的心理痛苦，所以对于流动性越差或回报周期越长的股票，我们对它们的回报期望值就越高。

2. 急于获取反馈

对于自己的决策，大部分投资者都期望回馈越快越好。同样的道理，在长期投资过程中，我们自然比较容易怀疑自己的判断，尤其是在对导致我们当初买进股票的正向基本面判断产生怀疑时。

3. 担心错过

我们不愿将资金长时期投入股市，或是投入某一特定公司，因为我们常常以为，不久就可能会出现更有赚钱潜力的投资机会。对于是否要动用自己的现金储备，我们也常常犹豫不决，原因是我们担心即将发布的经济数据可能会影响市场走向。

　　克服以上心理障碍是培养耐性的重要基础，而耐性对于我们的投资甚至人生有多重要呢？

一、用巴菲特的眼光看市场

耐性的有无与大小会影响国家、民族及个人的成败，这当然也包括股票投资。从国家与民族的大视角看，2,500年前，越王勾践经过"十年生聚，十年教训"，最后打败吴国并复兴越国，这个雪耻复国的故事就是关于耐性的经典案例。如果领导人与人民没有相当程度的耐性，最后结局必然是一场悲剧。

耐性对投资同样重要，如果缺乏耐性，成功的可能性不能说没有，但会很小。巴菲特曾奉劝投资者，要设想十年的时间框架，而非十分钟，如果你无法持有一只股票十年，你就不要去买它。

本书开篇就曾提到，当巴菲特11岁时，他以每股38.25美元买了3股城市服务优先股的股票。不久，当股票涨到40美元时，他卖掉了这3股，净赚5.25美元。数年之后，该只股票涨到了每股200美元。从这次的早期经验中，巴菲特了解到了投资耐性的重要。1966年，他以每股31美分买进大量迪士尼股份，次年他以每股48美分卖出所有股份，而迪士尼的股价在2015年涨到了每股109美元。买卖迪士尼股票的过程使巴菲特少赚很多钱，也得到了惨痛的教训。

🗝 长期投资优于短期投资

巴菲特的投资哲学基于耐性与长期展望，这是一种经过实践验证的慢速

赚钱者的心态

致富方式。巴菲特当然是一个交易者，但他是一个长期时间框架交易者，而非日内或波段交易者。他将股市视作"搬迁中心"，意思是股市是一处中转站，金钱在这里从缺乏耐性的交易者手中转移到有耐性的交易者手中。

究竟是短期策略好呢？还是巴菲特的十年策略好？笔者认为，这个问题的答案应该依据个人的财务需求而定。如果你有一笔闲钱（与日常生活无关，也非子女教育所需）且慎选优质股票，你自然可以投资十年或更长时间而不去理它。但大部分投资者都没有闲钱，或无法选到一只优质股票，他们自然无法拥有巴菲特式的投资时间框架。但无论如何，除非公司破产或以其他方式遭到清算，否则长期投资的获利绝对大于短期投资。

以下是一份包含几种不同行业中大型股票的长期投资结果（表9-1），如果将其与短期投资结果相比较，就不难理解为什么通常前者优于后者（当然，前提是你没有选错股票）。

如果把下表所列股票的短期投资期限定在5天至30天，其结果有正有负，盈亏通常约在每股+3～-3美元之间；如果将投资期限扩大到1～10年，则除超威半导体有大损失，通用电器与诺基亚公司略有小亏外，其余都有较大的获利。如果你是日内交易者，投资成果会更糟。你什么时候听说过有日内交易者曾从10万美元赚到100万美元？

不仅如此，市场的特殊性质也是另一项需要考虑的因素。有些市场不利于短期进出，它们只对长线交易有利。例如20世纪70年代与80年代的市场，公司价值较低，股价波动较慢，所以短期进出市场只是浪费时间及金钱，最后将一无所得。20世纪90年代市场的牛气一直很旺，买进并持有的策略在这十年有最好的表现，这意味着有耐性的投资者在这十年应有可观的获利。

第九章 只要有耐性，你就是赢家

表9-1 长期投资结果列表

公司名称	日期	收盘价（美元）	收盘价调整值（美元）★	获利（＋美元）/损失（－美元）	行业
微软公司	9/24/2001	52.01	18.38	+28.94	商业软件与服务
	8/17/2015	47.32	47.32		
超威半导体	3/28/2005	15.47	15.47	−13.67	半导体
	8/17/2015	1.80	1.80		
通用电器	3/28/2005	35.97	24.98	+1.23	多元化机械
	8/17/2015	26.21	26.21		
谷歌公司	3/27/2014	558.46	558.46	+102.41	互联网信息提供商
	8/17/2015	660.87	660.87		
诺基亚公司	5/25/2005	17.12	11.68	−5.07	通信设备
	8/17/2015	6.61	6.61		
甲骨文公司	5/25/2005	12.75	11.94	+27.78	应用程序软件
	8/17/2015	39.72	39.72		
超群半导体公司	3/28/2005	3.28	3.28	+24.27	半导体
	1/1/2015	27.55	27.55		
卡特彼勒公司	3/28/2005	94.22	36.32	+42.22	农场及施工机械
	8/17/2015	78.54	78.54		
露露柠檬公司	7/27/2007	28.0	14.0	+52.37	纺织服装服饰
	8/17/2015	66.37	66.37		

★收盘价对股息与拆股的调整值

常常保持冷静的巴菲特

巴菲特奉劝投资者，要像投资房地产那样持股。你是否会只因一些小问题就卖掉房地产？当然不会。巴菲特不仅这样奉劝别人，他自己也身体力行。从 1964 年至今，他拥有伯克希尔·哈撒韦公司的大量股份（他是最大股东），从未卖掉任何一股。这期间他历经了无数次市场的激烈动荡，从黑色星期一到道琼斯跌破 11,000 点的心理关口，但他不动如山。

巴菲特有逆势策略，但他并非是一个逆势操作者，反之，他是一个努力要让自己的头脑永保冷静的人。这意味着面对市场，他从不闹情绪。1973 年，当巴菲特刚买下《华盛顿邮报》公司后不久，股价就下跌了 50%。此后有整整两年的时间，该公司股价一直在低位振荡。面对许多不利情况，其中包括员工罢工、经济衰退、战争与股市在 1987 年 10 月 19 日的崩盘（当时道琼斯指数下挫 508 点），但巴菲特不为所动，表现出极大的耐性！

巴菲特的耐性获得了回报，他每年从《华盛顿邮报》公司收到 1 千万美元股息，这是巴菲特能将 1,060 万美元的投资转化为后来的 10 亿美元股权的重要原因。虽然外部环境在改变，但巴菲特对《华盛顿邮报》公司的持股却毫不动摇，他是怎么做到的呢？

最大原因是：这虽是一只动荡的股票，但并非一家动荡的企业。两者的含意有显著不同，因为市场情况随时在变，股价当然会有振荡，但如果公司的基础业务还是强劲而稳定的，那么巴菲特就不会因为市场的动荡而惊慌失措。反过来说，如果公司的基础业务出了问题，投资者就应该担心了，巴菲特收购及出售特易购的案例就是明证。

伯克希尔·哈撒韦公司曾拥有英国最大零售商及超市集团特易购的 4.15 亿股股权。但在 2015 年 2 月底，巴菲特在致股东的年度公开信中却透露，

2014年还是伯克希尔·哈撒韦公司最大普通股持股对象的特易购，目前已被剔除了。巴菲特一向是个不持有十年以上不会轻易放手的人，为什么这次对特易购会一反常态？

原来，2014年9月特易购因"会计错误"而高估上半年获利达2.5亿英镑，因而它不得不下调全年获利预期。除了错账问题，特易购的市值缩水及利润率萎缩是根本性问题。换句话说，公司的管理层出了问题。伯克希尔·哈撒韦公司出售特易购的税后亏损达4.44亿美元。

从巴菲特秉持数十年的投资原则中，我们能学到的最重要一点是：要选正确的企业并培养正确的投资心态。从投资的细节来看，就是不要将眼光停留在股价的短期变动上，也就是说，不要每天或每周去查看股价。反之，要研究公司的基础业务、营收潜力及未来发展等。

那么，究竟一只股票应持有多久才算是有耐性？巴菲特的回答是——如果我们的选择是正确的，我们就要无限期地持有下去。

如何面对市场危机

问题是，在长期持有的过程中，市场发生危机是很平常的事。面对市场危机，最佳对策就是保持冷静，不要轻易抛售股票。如果你足够有胆识，甚至可以考虑在危机中入市，或逢低加码，等待市场反弹或恢复正常行情。对多数投资者而言，加码股市的最好选项是挑选追踪股市大盘的基金，如标准普尔500ETF，而且这类基金的管理费很低。

在市场大幅振荡之际，如果投资者不顾一切地抛售持股，后果就是卖出的损失永远无法挽回。美国计量研究公司统计了自1900年以来，包括偷袭珍珠港、古巴导弹危机及911恐怖袭击等51次危机的市场反应。在这些危机发生之初，道琼斯工业指数都立即下跌，平均跌幅达 6.7%。但在 6 个月后，道琼斯工业指数又恢复到了下跌前的点数，甚至反超。1990 年 8 月，伊拉克入侵科威特后，道琼斯指数立即重挫 13%，但在接下来的 6 个月中回涨 16%。

产生以上现象的原因，其中之一就是投资者反应过度。他们在危机发生时通常不会全盘考虑，而是一味做最坏的假设，导致盲目抛售股票，这为随后的股市反弹行情打下了基础。股市在面临危机时下跌，部分原因是基于不确定因素而非基本面，在消除不确定因素后，股市通常会回升。因此，即使投资者没有反应过度，市场通常也会在危机之后反弹上升。如果你确实不愿承担风险而卖掉部分或全部持股，不妨考虑投资短期国债或债券基金，这类产品通常被视为避风港。

总之，一定不要在市场大跌时草率抛售股票。而且，你应该敢于在最糟糕的情况下入市，这可能才是最佳的入市策略。如果你缺乏耐性，下文笔者将以亲身经历告诉你后果会如何。

二、如果你缺乏耐性

1994 年 9 月 30 日出版的《罗克斯伯里》季刊指出："我们很惊讶地听到麦哲伦基金杰出的前经理彼得·林奇（Peter Lnych）说，他最近相信，其基金的投资者中有超过半数会赔钱。"麦哲伦基金的表现在当时是非常耀眼的，如果你在 1977 年 5 月（即当林奇开始接手管理该基金时）投资 1 千美元买入，在 1990 年 5 月当林奇退休时卖出，你将会拿到 28,000 美元，这意味着麦哲伦基金在 13 年间的年度平均投资收益是 29.2%。

如果基金表现这么好，为什么过半投资者会赔钱？虽然富达投资公司的报告否定了林奇的上述说法，林奇本人后来也撤回了自己的说法，但第三方的研究却证实，林奇当初的说法大体是正确的。笔者认为，导致超过半数投资者赔钱的原因其实与没有耐性有关。

自我意识与耐性

行为金融学家发现，自我意识（个体对自己的各种身心状态的认识、体验和愿望等）强烈的投资者，往往比那些自我意识薄弱的投资者更有耐性，后者比前者更容易受到市场波动的影响。自我意识薄弱的投资者总是在纠结，自己究竟要持股多久，手中的股票才会起涨。渐渐地，他们开始厌倦长期持有的状态，自我控制的能力逐渐减弱，焦虑感越来越强，失去了对自身投资决策合理性的信心。最后，为了消除不断增加的心理压力，他们选择干脆把持股卖掉算了。可见，自我意识薄弱的投资者对于连续性与控制力具有危机感，往往对股价稳定的股票有更多的担心。

耐性与投资

笔者对于投资耐性这个课题感触尤深，20 多年来，由于缺乏足够的耐性，我在股票交易上错过了许多次可以赚大钱的机会，最终只赚到一点小钱。

2014 年 4 月下旬，我以每股 535 美元的价格买进了一批谷歌公司的股票。自买进以后，该股曾下跌至 510 美元。7 月中下旬，它上升至超过 600 美元。此后，其股价开始起起伏伏。自 10 月初开始，股价进入跌势。最后，我在 12 月中旬以 528 美元卖掉，以每股损失 7 美元收场。从周线图的走势看（图

9-1），谷歌公司从 2013 年 10 月初开始到 2015 年 7 月初的 20 个月里，基本上是处于盘整状态。

2015 年 7 月初，它以高成交量突破形态后，到 2015 年 8 月中旬的价位已经是 689 美元。我事后检讨此次失败，认为纯粹是缺乏耐性所致。

图 9-1 谷歌公司的周线图

三、培养耐性的方法

做投资需要有耐性，这虽是人人皆知的道理，但要做到却很不容易。究竟应该怎样培养耐性呢？

牛市与熊市都会引发耐性问题。在牛市，我们对涨速较慢的股票可能感到不耐烦，因为当时大部分股票正在高速飞涨，所有认识的朋友看上去都赚到了大钱。而且，各种承诺赚大钱的投资方案满天飞，不管我们如何怀疑，眼前总是闪耀着暴富的希望。因此，对于手中的持股，我们总是希望它们快速上涨。

互联网交易平台、社交媒体和短视频平台的兴起，对投资者的耐性形成了更强烈的挑战。它们使交易更便捷，信息传播得更快，信息量更大。通过互联网，投资者能与全球任何地方的人在任何时间交流，新媒体富豪的传奇故事层出不穷。结果是，长期投资观念没有了，取而代之的都是短期投资观念，或是如何迅速致富的念头。

怎么培养耐性？

在 2007 年末的熊市开始阶段，投资者个个后悔没能提前退出市场，恐慌的原因是他们不知道熊市究竟还要持续多久，这种不确定性导致了耐性的丧失。每一位投资者都知道没有耐性的后果是什么，而耐性会带来什么报酬，前文已有详述。但问题是如何培养耐性，如果一个人天生就缺乏耐性，如何能让他获得更多的耐性？ 一般来说，可以从以下三方面入手。

1. 提高对股价进行合理估值的能力

希望是驱动投资活动的最重要因素，不管我们是希望变得更富有，还是获得更多自由，或是得到更多知识，或是提升我们的自信心等，以上每一项都代表一种希望。对投资者而言，如果投资没有成功的希望，就不会去买股票。而且，无论驱动投资者的是何种形式的希望，它的基础都是投资者对自己或他们信赖的人的股票估值能力的信心。这种信心愈强，投资者也就愈有耐性留在市场。

例如，在美国，很多投资者对股票进行估值时，都会参考股票估值软件程序的分析结果。2015年8月19日，某分析软件程序对苹果公司的估值为每股220美元，而苹果当天的收盘价是每股115美元。在信任这款软件程序的投资者看来，苹果公司的股价被市场大大低估了，这就是投资机会。如果投资者能在远低于估值时购入股票，就会更有耐性持股。如果投资者拥有对股价进行合理估值的能力，投资耐性自然也会增强。

2. 提高控制自己情绪的能力

显然，善于控制自己情绪的人通常会有较大的耐性，而且能做到临危不乱，所以他们能坚守原则，不会轻易砍单出场。下面用一段三国典故来说明如何在紧要关头控制自己的情绪，使局面转危为安。

话说孔明最后一次出祁山，屯兵五丈原，欲伐曹魏。魏军主帅司马懿坚守不出，不与孔明接战。孔明无奈，只好修书一封，并附上一盒子，内装妇人缟素之服，令人送给司马懿。司马懿看了书信内容并打开盒子之后，深知这是孔明的激将法，于是坦然受之，并向使者探问孔明的情况。使者不明其意，如实告知。

司马懿听了笑着说：

"孔明食少事烦，其能久乎？"

使者回去之后将司马懿的话回复孔明，孔明知道司马懿不会受激出战，自己的粮草又无法久撑，只好退兵。

从以上典故可知，司马懿是一位善于控制自己情绪的人，因为他有这种特质，所以能坚守原则并保持耐性。最终，司马家灭了蜀汉与东吴，建立了新王朝。

3. 保持乐观与自信

乐观与自信的人通常拥有较高的耐性，而悲观或对自己没有信心的人则较为缺乏耐性，后者通常无法忍受市场的较大波动，常常在感觉形势不妙时匆匆砍单收场。

> **小提示**
>
> 从上文的分析可知，投资市场制胜的关键就是要保持足够的耐性。但要做到这一点，首先必须避免偏执并能及时化解心理压力，这样一来，焦虑就不会产生，耐性也就容易保持了。

第十章
避免偏执与化压力为动力

一、避免偏执,理性投资

二、一定要知道的投资原则

三、化压力为动力

偏执能导致错误的投资决策，而压力则滋生焦虑，两者都是投资过程中亟须避免的。本章除对如何避免它们进行探讨外，还将讨论一些重要的投资原则。

一、避免偏执，理性投资

本书第三章和第四章详细分析的过度反应、过度自信与认知偏差等，都属于投资心理上的偏执，每个自认正常的投资者几乎或多或少都存在偏执心理。在本章，我们首先来了解诺夫辛格在《投资心理学》一书中提供的克服它们的策略。

🗝 克服偏执的策略

策略1：知道自己为什么投资。

许多投资者都忽视这个投资过程中的首先需要关注的问题，大部分人对于投资目标仅有一些模糊概念，例如"我想赚钱买房子"，或"我想赚钱出国旅游"，或"我想赚钱让孩子念私立学校"等。所有这些模糊概念都无法明确投资方向，也无法帮助你避开那些会影响正确投资决策的心理偏执。那么，要怎么做才对？很简单，就是制定一个具体的目标。例如，如果你想在20年后退休时每年预计有7.5万美元的收入，以上收入来源包括每年2万美元的社会养老金，及5.5万元的投资收益。有了这种具体的目标后，才能做好投资规划、选好投资策略。

策略2：具有量化的投资标准。

具有量化的投资标准，可使你在投资过程中免于情绪化、听信谣言或产

赚钱者的心态

生其他心理偏执。量化投资标准指的是市盈率、每股收益、净资产收益率等。所谓净资产收益,就是公司净值,也就是公司资产减去公司负债。

巴菲特选股最重视的是净资产收益率。他认为一家能创造高净资产收益率的公司绝对值得让你投资一辈子,因为它体现了一家公司利用资产净值获利的能力,说白了,就是一家公司究竟能帮助股东赚多少钱的能力。伯克希尔·哈撒韦公司的主要成分股可口可乐、沃尔玛及美国运通公司等,其净资产收益率长期都在20%以上。

策略3:多样化分散风险。

(1)通过拥有许多不同类型的股票来实现多样化。

例如拥有15种不同行业的股票,或是拥有一档内含多样化成分股的基金也可以。但建议投资组合包含的股票不要超过50只。

(2)投资债券。

一个多样化投资组合应包含一些债券或债券基金。虽然巴菲特认为,投资组合中股票与债券的比例以9:1为宜,但随着年龄的增长,投资者可以逐步调升债券比例。

此外,巴菲特也认为短期债券胜于长期债券,前者意味着利率风险降至最低。他买短期债券(特别是短期国债)的目的仅是为了能够更安全地安置现金,此外还有少量收益。

(3)不要以为持有在职公司股票就能保证未来高枕无忧。

有些投资者有机会持有在职公司的股票,但是,如果公司股票占自己的投资比例太大,就要当心了。因为你的薪资收入已经依赖公司了,因此没有必要再买太多自己任职公司的股票。

笔者的一位朋友曾任职于美国最大的银行之一——华盛顿互惠银行。金融风暴前的2007年年中，她以每股34美元大量买进在职公司股票。2008年8月，该股股价跌到每股2.32美元，同年9月28日申请破产，当时股价已经跌到每股数十美分。这样，笔者的朋友几乎损失了所有的投资本金，这是一个买在职公司股票损失惨重的例子。

总之，不要把大部分资金押在同一企业，多元化投资才是明智之举。

策略4：把握好投资管理节奏。

（1）每月检查一次持股行情，而非每小时或每天检查一次。

（2）每月仅交易一次，且仅在每月的同一天做交易。

每月仅交易一次有助于克服过度自信的交易，而选在每月的同一天做交易则有助于避免冲动交易，这种交易形态具有短期交易的主要特征。

（3）每年（通常是在年终）审核一次投资组合，看看它是否符合自己的投资目标。

一个投资组合中的资产配置（即股票、债券与现金的比例），对投资回报率具有重要影响。分析结果显示，如果投资配置比例不符合你的投资目标，就应做出调整。世界上并不存在适合每一位投资者的投资组合资产配置原则，不同的投资者应根据自己的投资目标和策略灵活安排。

在年终对投资组合进行审核时，要点包括是否足够多样化，每只成分股的表现是否合乎投资目标等。建议将审核结果记录下来，这样你才能克服认知失调与记忆偏差等问题。除了诺夫辛格建议的上述策略外，笔者将在下节介绍一些重要的投资原则，遵循这些原则做投资，可以帮你规避心理偏执，并获得不错的投资收益。

二、一定要知道的投资原则

一些经验准则

- 避免买进低价股。
- 避免根据互联网评论、聊天室或论坛上的信息做出决策。
- 不要偏信信用评级或股评。

不幸的是，现在多数机构和散户投资者仍然依靠信用评级或股评来做投资。这类评级或股评或许是间接导致金融风暴的推手。在金融危机时期，由于偏信标准普尔、穆迪或惠誉等评级机构而买进 AAA 评级"有毒资产"的投资散户，几乎都以惨赔收场。

笔者认为，信用评级机构为了利润而不负责任，间接导致了次贷危机与金融危机的发生，这绝非危言耸听。《华尔街日报》指出，通过为证券进行评级，穆迪 2002～2006 年共获利约 30 亿美元。一位前评级经理人指出，银行总是例行公事地购买那些评级最佳的证券。2015 年初，标准普尔与美国联邦政府及多个州签署协议，以近 14 亿美元的罚款就其给予错误评级的指控达成和解。但显而易见的是，它赔偿的钱与巨额利润不成比例。

● 避免买进主动型基金，而应考虑被动型基金。

主动型基金的特征是频繁交易，扣除高额管理费及频繁发生的交易费后，它的表现并不见得比被动型基金好。对股票而言，以上建议也是适用的，进出市场如果不那么频繁，获利反而会好一些。频繁交易的投资者往往过度自信，他们会高估自己的决策能力，以在市场杀进杀出为乐。

● 每年至少就心理偏执问题自我检讨一次。
● 进行长期投资及定期投资。

投资者应该用长期眼光来看市场，不要只盯着年度或季度表现。投资组合必须有足够的时间（至少5～10年）来成长，可采用每个月或每两个月定期投资固定金额的方式来增加本金，逢低多买，涨高了少买。

重要的投资原则

1. 买进后长期持有未必是最佳策略

建立长期与分散的投资组合固然能避开股市风险，但如果持有时间太长而不做适当调整，则未必是上策。许多人都知道，巴菲特乐于长期持有价值型股票，并从中获得巨大回报。基于巴菲特的投资哲学，在过去40年，伯克希尔·哈撒韦公司的投资回报比标准普尔500指数高一倍多。伯克希尔·哈撒韦公司总部只有25名员工，人均创造的利润比高盛及摩根士丹利这两家华尔街著名大型投资银行的人均利润之和还多。

赚钱者的心态

由于巴菲特的长期持有哲学创造出了奇迹，因而一般投资者认为，买进后长期持有是最佳策略。但他们不知道的是，巴菲特并非单纯挑选价值股，而是通过他执掌的伯克希尔·哈撒韦公司以类似避险基金的方式来从事复杂运作。伯克希尔·哈撒韦公司没有自己的产品，但有保险业务，又有固定收益和多重股票策略与战术，其本质与一般上市公司不同，更像一家私人股权投资机构。一般散户投资者想复制巴菲特的成功之道是非常困难的，也就是说，无法像他这样长期持有股票。更何况巴菲特的成功不靠短线炒股，靠的是开公司以及并购其他公司来获取巨额利润。2015年，他在致股东的信中曾表示："一旦子公司的竞争优势提升了，我就会把大部分闲置资金用来投资子公司，或是并购新的子公司。"

一般投资者除了无法学习巴菲特的长期持有策略外，他们本身的问题也使得这种策略难以施展，尤其随着结婚、购房、生育与教育孩子，或是考虑退休等种种大事都需要用钱，因此投资组合要保持足够的弹性，无法做到在买进后就一直等到高点才出场，或是如果赔了就一直不出场。既然巴菲特的长期持有策略实际运用起来有困难，那么究竟要学他什么呢？巴菲特曾说过，"别人贪婪时你应恐慌，别人恐慌时你应贪婪"，我们要学的正是这种逆势操作的逻辑思维。

2. 不要高估自己的风险承受力

市场形势变化万端，任何风吹草动造成的冲击往往超过想象。例如，2015年8月20日至8月25日四个交易日，道琼斯工业指数共计下跌1,680点。8月20日当天，因市场对全球经济增长表示担忧，以及美联储会议纪要显露了一些关于加息的信息，在油价暴跌之后，道琼斯工业指数也跟着崩盘。接下来的三个交易日，市场因担心金砖国家经济疲软将导致全球经济放缓而持续下跌。

试想，有多少人能承受这四个交易日的下跌风险？因此，每一位投资者都应将风险管控视为投资的第一要务。即使投资的对象是伯克希尔·哈撒韦公司，仍是如此。1965～2014年，伯克希尔·哈撒韦公司B股股价平均每年上涨21.6%，远超标准普尔500指数的9.9%。通常情况下，为求分散风险，任何一只个股其所占投资组合的比重不应超过10%。但伯克希尔·哈撒韦并非一般公司，其投资组合确实已经做到分散风险，因此，该公司占你的总投资组合的比重可以提升至20%，也不至于违反分散风险原则。因为当你买进伯克希尔·哈撒韦公司的股票时，就等同于买进了一个成熟的投资组合，也等同于投资59家运转中的优质企业，它们从铁路业到保险业都有，甚至还包括国际商业机器公司这样的高科技企业。更重要的是，你等于聘请巴菲特为你操盘投资。

伯克希尔·哈撒韦公司的分散风险策略也体现在对能源业的投资上，它持有的能源类股票除了石油和天然气公司外，还有可再生能源公司。由于该公司在能源板块的分散持股，使得其绩效能够不被任何一家公司主导。近年虽然油价大跌，但该公司仍然增持森科能源和菲利普斯66的股份，对这两家公司的持股比例分别增长到2%与11.5%。

伯克希尔·哈撒韦公司在能源业分散风险并非特例，事实上，它早就在全球范围内进行各种企业收购，特别是针对欧洲企业的收购。因为巴菲特认为，欧洲经济正在逐渐恢复，因此他在2015年初以四亿欧元买进以德国为制造基地的汽车零件制造商德勒路易斯公司。

然而，虽然巴菲特擅长发掘具有利润基础与获利潜能的企业，但指数型基金的多样性仍远超伯克希尔·哈撒韦公司。此外，1930年出生的巴菲特还能执掌伯克希尔·哈撒韦公司多久？因此，投资者即使选中该公司，仍应先评估本身承受风险的能力，再建立起一个广泛多元配置的投资组合。

在组合建立之前，投资者最好根据能想到的最糟情况来衡量自己的风险承受能力，以做必要的应变准备，免得遇到困境时惊慌失措。尤其应注意的是，在情绪不稳定时，不要做出任何投资决策。

3. 对情绪变化维持高度警觉

行情波动容易引起情绪的剧烈起伏，问题在于你是否能清楚地意识到自己正处于情绪化状态。例如，行情大涨让你容易忽视风险，加码买进。行情大跌会让你风声鹤唳，因而可能导致贸然抛售。总之，剧烈的情绪波动很容易导致不理性决策，这时，你应冷静地回想自己设定的投资原则和目标，促使自己回归理性。

4. 市场趋势并非恒常不变

在牛市阶段，许多投资者会认为繁荣仍将持续，因而将大量资金投入股市，或者继续增大股票比重。实际上，股市经过多年牛市后，成长空间就可能已经非常有限，这时股票占投资比重不宜太大。

同理，如果有一天市场指数从高点持续下跌，只要它能维持在200天均线之上，你就不必太惊慌，市场可能是在进行调整。然而，一旦长期趋势线遭破坏，就表示趋势已经逆转，除非市场能快速反弹并回到长期平均线之上，否则，这意味着长期涨势已不复存在，投资者应减持股票。

总之，你在调整投资布局时，依据的不应该只是过去几个月的市场行情，而是自己早先设定的投资原则和目标。

5. 行动要果断而迅速

即使是巴菲特，也曾犯下"明知该做正确的事，但行动却过于迟缓"的错误。上文提到，他曾买进英国最大零售商及超市集团特易购。2013年，他虽然觉察该公司经营情况异常，却迟迟未采取行动。第二年，该公司问题进一步恶化，巴菲特被迫出售持股，损失超过4亿美元。

6. 买股策略

根据《市场观察》杂志报道，从过去的崩盘经验中，分析师归纳出三种简单却有效的买股策略，简直可以说是投资的三大铁律。

（1）提前买进（或是尽早买）。

不要等到市场触底才买进，因为谁也不知道市场何时触底。如果你一味等待市场触底，那么最终你可能会永远在等待，如2007～2009年熊市期间，抱着现金观望的投资者等待市场触底，结果市场早已反弹，他们仍旧抱着现金。从长期角度来看，全球股市的回报趋势是正向的，而且相当可观，因此，你应进行长期操作，学会爱上价值型股票。

（2）常态买进（或分批买进）。

意思是不要把所有钱一次都投进去，应该采取定期定额投资方式，每月以相同金额买进股票。通过这种方式，即使遭遇2000～2003年与2007～2009年的崩盘，你也能全身而退。甚至连1929年的大崩盘都不成问题，该年9月是美国投资史上最黑暗的时刻，在接下来的3年中，道琼斯指数的跌幅达90%。此后，足足用了20年时间才回到1929年的点位。

如果你是在崩盘时入场，此后坚持每个月定额投资，那么到了1934年，其实就已经赚钱了。如果有人在2000年3月股市的顶点进场，之后每个月坚持做定额投资，那么到了2003年秋季，就可以转亏为盈。同样道理，2007年10月入市，坚持每月做定额投资两年，也可以赚钱。以上这些在不利时机入市的投资者，他们最终能赚钱的原因在于：与一般投资者相较，当股价触底时，这些持续定额买进的投资者的损失较少，而且翻本也会比较快，因此获利就会更多。

（3）低价买进（或是买得便宜）。

这意味着你是在股市进一步下跌及气氛最恐慌时买进股票，这时股价最低且价值最高。

7. 如何从错误中学习

我们常常犯错，因为我们并没有系统性地反思自己的各种决策。如果在做决策之前，我们将影响决策的相关因素依优先级列出清单，将有助于决策过程的顺利进行。犯错误并不是一件坏事，没有从中学到教训才真是坏事。

《超越价值的巴菲特》一书作者普雷姆·贾因（Prem Jain）曾说，20世纪90年代晚期，由于他认为凯马特公司股票看起来便宜，而且他预期该公司能够稳定成长，因此就买进了一批。然而，后来的事实证明这一盘算打错了，凯马特的经营江河日下，最后破产。后来，贾因检讨错误，认为在购买前他如果常到凯马特下属超市去看看，应该会对其经营管理有更多了解。后来他又知悉凯马特的存货周转率低，这更证明该公司经营得不是很好。

从凯马特股票的投资失败中吸取教训后，贾因后来变得更善于基于自身的会计与金融背景，有效利用财经数据作为投资决策的依据。贾因的案例告诉我们，投资者在决定买进某家公司的股票时，如果可能的话，应尽量详细地了解该公司的实际经营状况。此外，投资者也应尽量在自己的知识与能力范围内做投资，这样才能获得更好的投资收益。

总之，要想从错误中学到教训，首先就要认识自己的错误，其次是检讨造成错误的潜在原因。最后是采取一些有效措施来让自己记住错误，例如用便签记下来置于案头，或是和朋友一起分析自己的错误，这样印象会更深刻。

三、化压力为动力

长久以来，人们都认为压力是负面的东西，因此时时处处设法避压和减压。但是，现在心理学家对压力有了新认识。当压力出现时，不见得就意味着我们自身出了什么问题，也不表示我们能力不足。因此，压力不见得只是负面的，也可以是正面的。

这方面的研究开始于1975年，当时芝加哥大学心理学家萨尔瓦多·马迪（Salvatore Maddi）开始研究压力对美国伊利诺伊州贝尔电话公司员工的长期影响。1981年，美国国会通过《电信竞争和放松管制法案》，对电信行业造成巨大冲击。自法案通过后，贝尔电话公司遣散了大约一半员工，那些留下来的员工则要面对着充满不确定性、不断变化的工作环境，以及不断增长的工作量。有些员工受不了这种随时可能被遣散的压力，开始出现健康问题及颓废心态；但另外一些员工则呈现相反的状态，他们茁壮成长并有了人生新目标，幸福感因此而增强。

2013年，美国斯坦福大学心理学家凯莉·麦戈尼格尔（Kelly McGonigal）

进行了进一步研究，对大批成年人做了问卷调查。结果发现，认为自己人生有意义的人，同时都认为自己经历了压力和挑战。这项研究还发现，人们在经受压力数小时后，受过刺激的大脑就会自动重现遭受压力和应对压力的过程。这就像复习一样，会让大脑把过程记得更深刻，当下一次遇到同样的压力状况时，就能从容应对。

不过，凯莉的研究也发现了相反的情况，如果我们把压力视为负面的东西，那么当压力出现时，就会想着去逃避，而不是选择面对。这时，人体内会产生出一种被称为皮质醇的压力激素，它会破坏人体的免疫系统，有损健康。2015年，凯莉出版了《压力的优点》一书，详细诠释了关于压力的新认识。本节的重点就是论述如何利用这种新认识来缓解投资过程中的压力问题。

挑战响应与威胁响应

前面说到，马迪已经研究贝尔电话公司员工很多年，他拥有大量关于他们的心理测验、采访手记及其他个人信息等数据，他和同事能从中整理出一些线索，作为预测这些员工如何应对压力的依据。

经过分析后，马迪发现这些留下来的员工面对公司变局，除了有一部分人产生沮丧情绪外，另一部分人则在压力下茁壮成长。这些逆势成长的人认为，公司变局只是生活上的一种正常变化，他们不相信一个人永远都可以过着舒适而安全的日子。相反地，他们将压力转化为成长的动力，因此更能承受压力，即便面对最坏情况，他们也不会觉得"天塌下来了"。他们认为，在困难时期更应全力以赴应对，而非怨天尤人、自暴自弃。最后，他们也相信，不管情况如何，他们必须持续做出能改善自身境况的选择。

持以上正面心态的员工，在面对压力时，通常更可能采取实际行动并与

第十章 避免偏执与化压力为动力

其他人沟通，自然就不太会出现心理敌意或自我设防。此外，他们也更有能力在身心两方面照顾好自己，因而能累积更大能量来面对人生的挑战。此时，人们面对压力所呈现的响应被称为"挑战响应"。

研究进一步发现，如果人们能够学会去接受压力与焦虑，把它们当作生活与工作的一部分，那么它们实际上可以转变成正面能量，而非只是负面能量。如果一个人面对压力时产生负面情绪，这时他对压力所产生的响应则被称为"威胁响应"。

由此可知，挑战与威胁这两种响应之间最重要的差异，是它们如何影响你当时的表现，以及对你身心造成的长期后果。就后者而言，它指的是压力如何影响你的心血管系统。当面临压力时，你的心跳会加速。当产生威胁响应时，你的身体反应就像是受到了伤害一般，为了减少失血，血管会收缩，体内免疫细胞也会动员起来准备快速治愈创伤。相对来说，当产生挑战响应时，你的身体反应更像是在进行体育锻炼。这时血液流量会达到最大，来让你的身体产生最大能量，血管维持松弛状态，心脏不仅跳得更快，同时也跳得更有力。因此，挑战响应比威胁响应能给你更多的能量。

这些心血管状态的改变能带来长期的健康后果，威胁响应将会增加心血管疾病的风险，而挑战响应则不会，因为威胁响应导致的血管收缩会使血压升高，长期后果是加速老化并引发疾病。

你对压力的反应也会影响你的情绪。当出现威胁响应时，你可能会出现恐慌、愤怒、怀疑或羞耻等情绪，这些负面情绪无疑会使你的状态变差。当出现挑战响应时，你可能会感到有些焦虑，但更可能会感到兴奋、热血沸腾、热情与自信，这些正面情绪将会使你的状态更好。

心理学家发现，决定你对压力的反应的最重要因素是你如何看待处理压

赚钱者的心态

力的能力。当面对紧张的情况时，你会评估情况以及你拥有的资源。例如，这件事将会有多难？我是否有足够的技巧、力量及勇气来应付它？有人可以帮我吗？这些评估是决定你对压力有何反应的关键。如果你认为形势要求已经超过你掌握的资源，你将会产生威胁响应，否则反之。

许多研究显示，人们如果能把自己的资源集中起来，会更可能产生挑战响应。要做到这一点，最有效的策略是认清自己的个人优势，并集中精力思考如何去应对挑战，回想过去战胜类似挑战的经验，分析外部支持的可能性等。以上这些快速的思考能将威胁响应转化为挑战响应，也就是说，能将恐慌与焦虑转化为勇气，这有助于你在压力环境下保持最佳状态。

理解了上述压力转化的道理后，我们就会明白，投资者面对股市风险产生的心理压力（如恐慌、兴奋与焦虑等），也可遵循相同的模式来化解，将威胁响应转化为挑战响应。关键是，投资者应该知道市场大幅波动可能是买进良机，而平时的上下波动只是市场的常态，不必焦虑。此外，投资者应将投资时间框架拉长，以消除随机因素，避免短期进出市场。

有了以上观念，当市场大幅波动时，你就能集中精神，抓住入市良机。一旦精神专注，焦虑消除，假以时日，你将会获得理想的投资收益。

> **小提示**
>
> 在本章的最后，笔者想引用巴菲特接受雅虎金融专访时所说的一段话来做结尾。巴菲特表示他从未因为某一件事睡不着，他还说："唯一让我感觉很糟的事，就是亲人朋友的疾病和去世。除了他们的伤痛或疾病，甚至死亡，没有什么事情熬不过去。"巴菲特这段话说得虽然很浅显，但境界却很高。一般人虽然听得懂，但要真正将它应用到投资上，却是极不容易的。因此，投资者在心态上应该竖立起一道坚固的"卖股心理学"围墙，来应对瞬息万变的股海波涛。关于这个观点，请见下章分晓。

第十一章

卖股心理学

一、对市场信息的反应

二、短期损失的创伤

三、掌握可靠的卖出指南

当我们基于公司基本面买进一只股票时，通常在买进前都会做一番深入研究与详尽调查。如果累积的证据足以让我们相信公司未来的前景，我们对自己的评估也有信心，我们就会买进该股票。在买入前，往往会经历一段短暂的焦虑，但在买入后不久，焦虑通常会消失。至于卖出股票，则会涉及更复杂的情绪，原因在于，买入股票的决策是基于所有可能的信息，然而一旦投资者拥有了这只股票，那么在继续持有与卖出之间的选择，将受到反复无常的主观判断的影响。

　　当买进股票后，如果股价下跌到买价之下，投资者将会变得患得患失，不仅担心金钱损失，而且心中也开始忐忑不安地想，自己能承受的底线究竟在哪里？可以说，如果在股票市场赔钱，时间与自尊的损失也不容忽视。当股票上涨时，有些投资者也可能产生类似于股票下跌时的焦虑情绪，原因是他不确定股票上涨到什么价位才适合卖出。此外，他也担心如果不及时出售该股票，就可能失去买进其他潜力股的机会。

　　投资者对金钱损失的担心会严重影响其投资决策，特别是卖股前没有深思熟虑，或是股票该卖却没卖，以致丧失应得的利润。笔者就有这类失败的教训，苹果股票在2015年6月20日之后的股价介于每股132美元与92美元之间，我看好苹果产品的未来潜力，却忽略了外部因素的变化（如国际市场与汇率等），所以当该股票在6月20日开始大幅下跌时，始终持有它，使之前的获利几乎损失殆尽，当时心中不免非常焦虑。截至2015年12月18日，苹果股价已自近期高点下跌20%，市值蒸发1,500亿美元，相当一个百事可乐。这证明愈受大众追捧的公司愈容易受不利消息的影响。实际上，这类公司并不是合适的长期投资对象。

许多投资者可能也有与笔者类似的经历，即理论上知道何时该卖股，但到了该卖的时候却舍不得脱手，以致损失应得的利润。人类这种"舍不得"的天性其实是与生俱来的，例如每个孩子都经历过的"分离焦虑"。在股票市场，投资者卖股前的焦虑也属于"分离焦虑"。就算他最后卖掉了股票，仍会有焦虑感，因为他觉得自己抛弃了最喜爱的东西。

如果已经出现账面亏损，想卖掉股票也很困难，因为投资者会想，股票一卖，损失就会立刻变成现实，而如果不卖，将来说不定还有翻本的机会。这些投资者总是这样想："除非我卖掉了，否则就不会有损失，所以我不妨再留久一点。"由于存在以上想法，这类投资者常留住亏损股，而早早就卖掉盈利股，这当然是一种非常错误的策略。有部分投资者由于担心重犯这种错误，使损失加大，所以可能会提前卖出。他们卖股并非基于股票的基本面，而是想着不要犯错。此外，当股票下跌7%或8%时就卖出的建议，在某些情况下可能是对的，但在另一些情况则不是。

总之，无论哪种卖出方式，它往往不仅反映技术需求，也反映心理需求。面对各种市场信息，在决定卖出时，投资者往往不计任何代价，只求避免更多的损失和挫败感。

一、对市场信息的反应

其实，股票交易价并不是基于真正价值，相反，交易价体现的是一个确定时刻市场对它的认定。因此，就这一点来看，股票的交易价并没有一个固定的公式可以作为计算依据。一般来说，投资者决定卖股的背景因素大部分是对市场信息的反应。

你如何看待形形色色的市场信息？或许，你会依照自己对信息的理解，并根据你的主观意志去行事，因此，你听到的信息与你的反应未必完全吻合。然而，不管信息的内容是什么，公司的本质不会因它们而改变。也就是说，好公司仍旧是好公司，坏公司也仍旧是坏公司。你虽听到一些消息，但你真的听得入耳吗？那些成功的投资者几乎都是根据自己的评估来解读听到的消息，而那些没有听到消息的人，则会受到其他投资者或自身心理状态的影响。

下表罗列了一些例子，它们显示了不合理解读自己听到的消息，将会导致错误的投资决策。

你听到的消息	如何解读它及如何决策
A 行业今年的利润创了纪录。	今年好，明年会更好。
市场被严重高估，即将回调。	市场即将下跌且不会回头，但我再等等，在顶部退出市场。
熊市可能还会持续一段时间。	熊市绝不会结束，我的投资失败了，我要卖掉它们来止损。

X公司是一家快速成长的公司，它的高市盈率是合理的，投资者可以在未来几个月获得很好的回报。	这些专家当然很了解这家公司，总之，我不了解市盈率是啥，买了就对了。
你的经纪人说："这是一只很好的股票，我推荐所有的客户去买它，你可不要错失良机！"	"我要发财了，我遇到的是一个多好的经纪人呀！"
今天市场下挫650点，恐慌横扫华尔街，这是多年来最大的一次单日下跌。	全球主要市场想必也都跟着大幅下跌。

投资者对信息的几种常见反应

1. 对信息的过度反应

　　投资者对信息的最常见反应就是过度反应。所谓过度反应，指的是投资者对最近的股价变化看得太重，把近期变化趋势无限外推，导致他们对未来变化趋势的预估偏离股价的长期平均值。他们在市场上涨时过于兴奋，在市场下跌时过于悲观，这就导致坏消息出现时股价将会过度下跌，好消息出现时股价将会过度上涨。

　　如果你每天看盘且追踪各种消息，那么可能因恐慌或草率而卖掉股票，最终以损失出场。从这一点来看，每隔一段时间才去检验投资成果才是更为妥当的。然而，互联网提供了随时进入市场并获取各类信息的通道，这使得投资者很容易随时跟踪市场行情，因而导致过度反应和过度交易，他们的投资收益受损就是必然的了。因此，身边充斥太多信息对投资者并没有好处，反而会分散注意力，造成错误的投资决策。

第十一章 卖股心理学

研究显示，在美国，散户投资者与专业投资经理的长期表现都不算太好，这个说法可以从以下数据得到间接认证。

首先，让我们看看标准普尔 500 指数 1950～2015 年间（总计 65 年）的平均每日波动变化（图 11-1）。从图中可以看到，数据的变动幅度并不是很明显。但是，如果我们重新排列该图，则可以建构出一幅代表日收益的平均年度标准偏差图（图 11-2）。

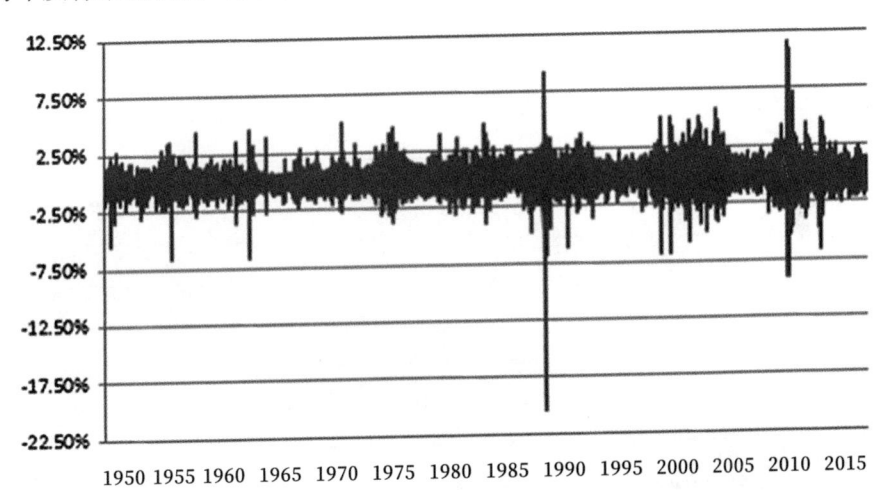

图 11-1 1950～2015 年间标准普尔 500 指数的平均每日波动变化

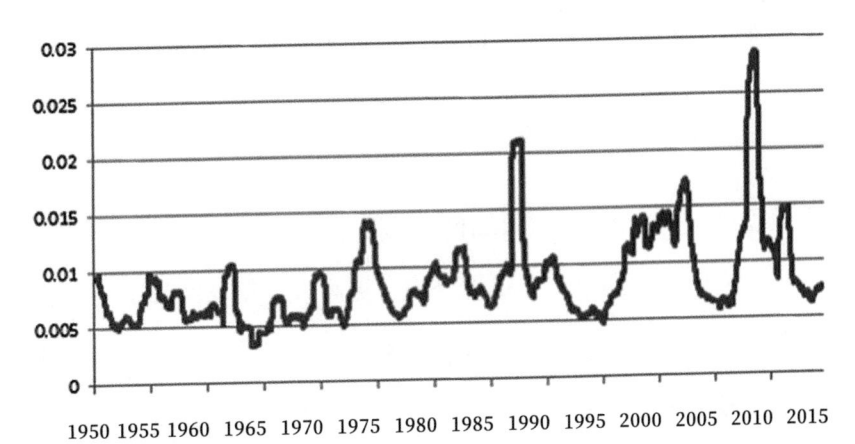

图 11-2 1950～2015 年间标准普尔 500 指数的平均年度标准偏差变化

赚钱者的心态

标准偏差图清楚地显示，在这 65 年间，股市波动幅度逐年增加。有些人可能认为，更多的信息会使市场的运作更有效。但我们知道，专业投资者（或基金经理）无法持续战胜市场；我们也知道，在 1940～2010 年间，投资者对股票的平均持有时间正逐年缩短（图 11-3）。事实上，目前股票的平均持有期已符合短期资本收益率，这意味着由于主动投资操作付出更多交易税，政府才是真正的获利者，这也意味着目前股票的税费后回报低于 1940 年。

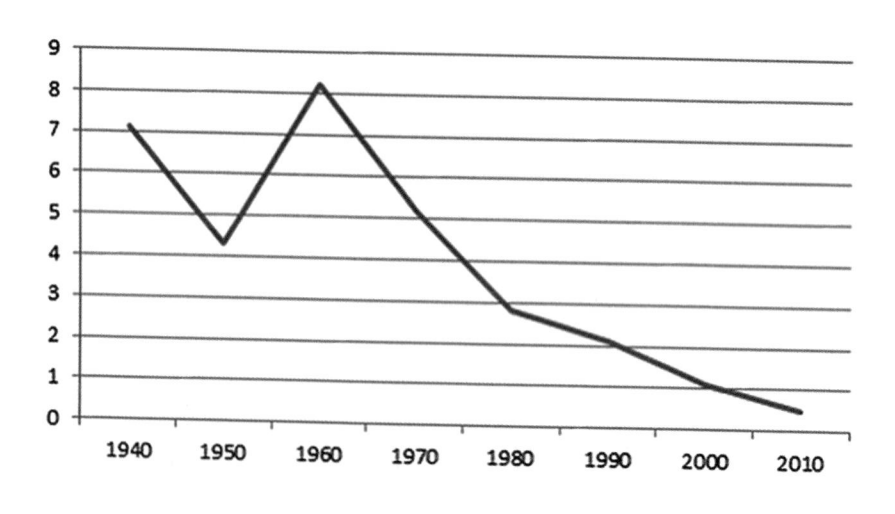

图 11-3 1940～2010 年间投资者对股票的平均持有期（年）

以上数据暗示，更容易获取市场信息实际上将使我们的投资成果更糟糕。更多的信息不会使我们的决策变得更合理、更高效，反而助长了我们的行为偏差与短期趋势。随时可进出的交易账户，再结合 24 小时不间断的信息周期，这实质上成了投资者的噩梦。然而，大多数投资者却沉醉在自己变得更明智的美梦中。

图 11-4 显示，波动的增加并没有让投资者获得好处，在过去的 25 年里，标准普尔 500 指数的 3 年平均回报率仅略高于此前 25 年的记录，这意味着更多信息会使市场更高效，以及更多波动能产生更多收益的说法确实可疑。

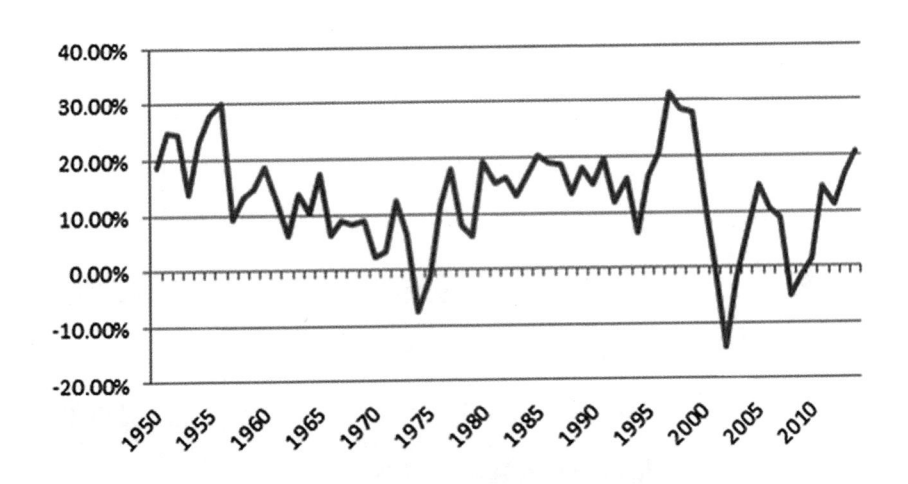

图 11-4 1950～2010 年间标准普尔 500 指数的平均 3 年回报率

行为金融学早已指出，投资者对公司的过度乐观或悲观看法，是促使股价升降的主要动力。当股价上涨时，你常会听到这类言论："每一个人似乎都从某只股票赚到钱了，所以你也应该去买。这只股票涨得愈来愈高，你简直不知道它什么时候会停涨，钱在那儿等着你去捡，不捡白不捡！"这种言论会促使投资者在股价已处于顶部时继续追涨，加码买进。

例如，苹果股价在 2015 年 4～6 月有 3 次都超过每股 130 美元，但大部分分析师都看好它，预计它可以涨到 145 美元。当时市场看好苹果公司的

赚钱者的心态

气氛颇为热烈。笔者早已持有大量苹果股票，4月份当它初次涨破130美元时，我又少量买进。如今反思当时的操作，当初的确是过度乐观。

在股价下跌时，同样也会出现反应过度的现象。这时，投资者通常不会或来不及去研究下跌背后的原因，只因看到多数人在卖股，他们也就跟着卖了。投资者的错误反应引起的市场波动，导致价值股与成长股在一定时间框架内（例如五年）出现不同的表现。这期间，每天都有优质股票因投资者缺乏耐性或过度反应而遭抛售。在极端情况下，当太多投资者对市场消息反应过度时，市场将以大成交量探底，不仅那些被低估的价值型股票遭抛售，连平时非常热门的股票也会跟着遭殃。

在市场暴跌的过程中，最重要的是应保持头脑冷静，不要理睬媒体的炒作。这时，你应依据自身情况来考虑究竟应该买入还是卖出或继续持有。这时，你应该努力把冲动的情绪冷却下来，并反问自己："这是不是一只值得持有的好股票？它目前的价格符合它的真实价值吗？"

2015年8月21日，道琼斯工业指数下跌531点（3.12%），纳斯达克指数下跌更多，达171点（3.52%）。实际上，道指的下跌幅度已逼近2001年9月11日恐怖袭击发生当日的一半幅度（那天道琼斯工业指数下跌684点，跌幅7.1%）。8月21日的巨大跌幅与市场对全球经济增长放缓的担忧有关，证据之一是油价跌到了每桶40美元以下，这是2009年2月以来的最低价，它反映出全球市场需求放缓以及原油市场持续的供应过剩。

8月21日市场巨变后，对于未来的局面，基金经理们分为两派。一派认为市场底部可能就在眼前，投资者应继续留在市场并早做准备，以迎接下一波牛市的到来。另一派则认为，从那时到年终预计还有10%～15%的回调，即使未来市场反弹也只是暂时的，股价仍会持续下跌，因而他们鼓励投资者多保留一些现金，并将部分资金转移到债券市场。

面对以上两派说法，你必须有自己的主见。但是，你的主见并非凭空而来，一定要有一些事实或理论根据。以笔者为例，我赞同后一种说法，原因是当时美股的市盈率已高达28倍（这是根据诺贝尔经济学奖得主席勒的计算结果）。而且从当年12月开始，美联储可能会持续加息，因此市场继续回调的可能性很大。席勒同时强调，心理偏执可能让投资者过度关注各种信息，进而让恐慌扩大，特别是那些平时不怎么关注市场的人，如果他们突然关注起市场来，就很容易被恐慌情绪感染。

一旦市场环境不稳，只要其他投资者对信息做出反应，买进或卖出某个板块的股票，那么非常可能的情况是你也会随后跟进。因此，投资者对信息的过度反应能促进牛市或熊市的形成。

美国哥伦比亚大学社会心理学家斯坦利·沙克特（Stanley Schachter）发现，在1950～1966的牛市期间，投资者变得更自信，而且往往会忽略一些保守的经济新闻及一般性的新闻（如总统选举等）。牛市期间，投资者认为股价是稳定的。但是，由于投资者被愈来愈情绪化的预期所驱动，所以他们对股票的估值会脱离现实水平，大幅超越真实价值。

反观1966年之后，当熊市伴随着不稳定的经济形势一起到来时，投资者对股市交易量等信息变得更为敏感。总之，投资者的心态往往是在以下两种过度反应之间切换，其一是当市场下跌时，由市场不确定性导致的过度反应；其二是当市场上涨时，因个人心理偏执导致的过度反应。结果，在熊市期间，合理的分析常被当作盲目乐观。在牛市期间，合理的分析常被当作杞人忧天。

2. 对信息的反应不足

所谓反应不足，是市场对信息反应不准确的另一种形式，很多证券分析师往往对成长股收益的新信息反应不足，因而总是低估其价值。

假设你刚听到 Y 公司在过去 6 个月的表现比预期更好，你可能就会买进该只股票，但并不是每一位投资者都会这样做。一些投资者的决策时间较长，虽然听到的消息是有利的，但他们仍然要用几个月的时间才能做出决定。他们对坏消息的反应也是类似的。例如，股息减少可能意味着公司经营状况发生了改变，但这得用几个月的时间，才会使其股价跌到能反映公司业绩的新低。

如果一家公司近期的获利趋势与预期相反，投资者通常会错误地相信公司正处于均值回归状态，并且会对该公司近期的消息反应不足。所谓均值回归，是资本主义的不变法则，意思是现在已经衰落的企业，将来可能重放异彩；现在备受青睐者，将来却可能黯然失色。

根据上面的分析，面对海啸般的各类市场信息，投资者的反应往往不是过度就是不足，而这两种反应最终都会导致不理性的投资决策，从而使投资者蒙受损失，并产生心理创伤。接下来，让我们来看看究竟会出现哪些创伤。

二、短期损失的创伤

巴菲特是全球最知名的投资者，也是全球最富有的人之一。他的思维有时候是非传统的，例如，大部分投资者喜欢看到自己买进的股票价格上升，但巴菲特却不然，他说："只有当你准备卖出时，你才应该期望自己的股票上涨。"

由于巴菲特是一个长线投资者，他并不希望看到股价迅速上升。事实上，如果他真正喜欢一只股票，他宁愿看到该股票的价格下跌，这样，他就可以用更低的价格买进更多股份，并借此降低买进成本。经过这种操作，当股票价格终于回升时，他便能从中获得巨大利润。截至2012年底，伯克希尔·哈撒韦公司的未实现资本利得达267亿美元，而2013年底则达390亿美元。同时，该公司B股的股价为118美元。截至2015年8月26日，其股价上涨到132美元。

巴菲特投资的最显著特点是他了解自身的极限。例如，他知道自己不可能在每一个行业都是专家，而他最了解的行业是保险业，于是他发展出一套风险评估的诀窍，并将顾客交付的保险费投资到高回报企业，以使公司有足够的钱来支付保险索赔，同时有大量盈余留给股东。

巴菲特始终遵循一套严格的投资方法，他避免投资热门行业，也避免触及那些立于潮头但最终一无所得的行业（如20世纪90年代中后期的科技股）。最重要的是，巴菲特始终投资于自己最了解的行业，所以他喜欢那些经营简单业务的公司，原因是他能了解它们。他总是买进那些市值低于真正价值的公司的股票，并长期持有。60多年来，这套铁打的投资策略为巴菲特自己及伯克希尔·哈撒韦公司的股东都带来了巨大的回报。

凭着上述投资策略，所谓短期损失的创伤与巴菲特是无缘的。那么，这种创伤究竟是啥？为什么卖股心理学会涉及它？即使我们面临的不是长期调整或熊市，但我们赔钱时都可能形成心理创伤。然而，这并不意味着每一次赔钱时，我们都需要跑去进行心理咨询，甚至进行治疗。只有当我们不能妥善处理这种创伤时，或当我们只能把这种情绪深埋在心底无法排解时，这才会变成问题。一旦产生这种问题，就可能诱发出更多错误决策。妥善处理短期市场损失引起的情绪问题是非常重要的，这样，当我们再次蒙受损失时，我们就知道应该如何妥善处理，及时重新获得心理平衡。

过去大家一般都以为，自然灾害或人为伤害会带来心理创伤。但近年来心理学家发现，投资损失造成的心理创伤实在不容忽视。可以这么说，心理创伤总是由外部事件结合主观的内部想象形成的。当市场变得更加波动，投资者也变得比从前更为积极时，每个人都可能在短时间内迅速累积或损失财富，这时，我们对心理创伤就应该更加重视。

市场损失造成的情绪创伤

因为每个人对金钱的主观看法不同，所以金钱损失对不同的人造成的心理创伤程度也不同。不过，除非真正能视金钱如粪土，否则一场想象不到的投资损失通常会对大多数投资者造成心理创伤，主要症状包括以下几种。

1. 怀疑自我

我们会质疑自己作为投资者的资格和能力，会神不守舍。严重的挫败感迫使我们质疑以前秉持的投资原则是否正确，在做决策时更加犹豫不决，有更多顾虑，而且这些现象终将影响我们日后的投资表现。

2. 对投资失去兴趣

我们会变得心灰意冷，对市场变化缺乏反应，对市场活动失去参与的兴趣。甚至我们都不想再听到"投资"两个字。

3. 认知功能减退

有些投资者过去能保持高度专注，总是能立即回想起相关数据，在遭受心理创伤后，就像患上失忆症一般，记忆变得模糊。

4. 对损失念念不忘

我们会反复计算突如其来的损失，甚至朝思暮想。对损失的记忆使得下一次的决策过程变得更加痛苦，每一次新的投资行为都会勾起痛苦的记忆。如此一来，我们就会对任何新投资产生迟疑或厌倦，同时也会怀疑那些鼓励我们做投资的人。

5. 愤怒

一些人可能会产生强烈的愤怒情绪，并在遭受创伤后滋生一股复仇的冲动。一些人会怨恨投资顾问，或在互联网上发表攻击性言论，或提出股东诉讼，或在年度股东大会上激烈地批评管理层。

在愤怒的状态下，投资者对股票买卖进行决策时，甚至根本不考虑公司的基本面，每卖出一笔，就好像对这家导致自己赔钱的公司做了一次报复，心头滋生一股"解恨"的快感。有的投资者有可能采用另一种宣泄愤怒的方法，就是不管基本面好坏，不计代价地买进对手公司的股票。

6. 心理或身体疾病

一般的身体症状包括：紧张性头痛、胃部不适、慢性消化不良、心悸和气短等。

心理方面的典型症状是疑病症，通常表现为担心自己的身体出了问题，跑到网上查询对照，或者反复就医问诊却不相信医生，越想越确信自己已"病入膏肓"，甚至"不可救药"。这就要靠专业心理医生来救治了。

为了尽量避免因不当卖股造成的心理创伤，下一节笔者将提出一些有效的卖股指南，以供参考。

三、掌握可靠的卖出指南

一般人以为巴菲特一旦买进股票就不会卖掉它，这种说法是不对的。实际上，伯克希尔·哈撒韦公司会定期地卖出其持股，这包括1998年的麦当劳、1998年的旅游者、1999年的迪斯尼、2000年的房地美、2007年的中国石油及2013年的特易购等。频繁买卖股票固然不对，但当投资者认定买错时，确实应考虑卖掉持股。

巴菲特素有"股神"美名，但当他觉得买错了时，他绝不会犹犹豫豫。例如，他承认在2006～2008年间以70亿美元买进康菲石油股票是一个错误，到了2008年底，70亿美元投资的市值已经下跌到44亿美元，跌幅达37%，与市场跌幅大体相当。2009年，伯克希尔·哈撒韦公司卖出了所持的16%康菲股份。当时巴菲特表示，不久将卖出更多。果然，到2014年，他减持了几乎88%的康菲持股，2015年出清了所有康菲股票，并卖光所有艾克森美孚股票。

巴菲特卖出石油股的理由不得而知，有人推测是他认为油价将持续走低。总之，当股价相对于其真实价值偏高时，你就应考虑卖掉它。如果有其他更好选择时（如投资短期债券或持有现金），你也应考虑卖掉它。例如，巴菲特在 2007 年下半年以 40 亿美元市价卖掉中国石油，当时该只股票已较 2002 年及 2003 年他买进时上涨了 8 倍。在卖掉中国石油后的 18 个月内，其股价及标准普尔 500 指数双双下跌 40%。从这一点看，巴菲特卖掉中国石油的时机及理由（价位已偏高）都是正确的。2008 年，巴菲特卖掉了包括强生及宝洁在内的部分持股，用所得的 50 亿美元现金买进了瑞格利、高盛与通用电器的债券及优先股。

🔑 事后剖析及自我分析

一个投资组合不管如何分散风险，众多成分股中总有一些是赔钱的，但这并不会削弱投资组合逐渐增加的总价值。赔钱对你来说意味着什么？它让你有机会去反思自己究竟做了什么错误决策？或在投资过程中犯了什么错误？或是你曾疏忽了什么？错误是否能够被避免？或能否被预测？你的其他持股是否面临相同的情况？这种错误是否是心理压力导致的？或者是数据分析存在错误？如果你能不断地思考这些问题，将有助于避免重蹈覆辙。不幸的是，大多数投资者不但没有用心分析自己的失败，反而企图抹去那些不快的记忆。

在卖出股票后，进行事后剖析及自我分析是非常重要的。这个过程将帮助大家提升自我评估的能力，避免再次失败。2009 年的股市崩盘令许多人难以承受，但在其后的牛市阶段，同样是这批人，却在为没有买入更多的股票而懊悔不已。显然，他们没有充分吸取教训。如果你也属于这类健忘的投资者，笔者建议你不妨把过去几年的交易账户对账单找出来回顾一下，看看有哪些教训自己已经忘记了。也许这样做了之后，在做下一笔投资时，你会更加理性一些。

🔑 出售股票的主要依据

我们已经分析了与卖出股票相关的心理问题，但出售股票的主要依据究竟是什么？投资者虽然能得到很多信息，但问题是他们不知道应如何去评估这些信息。因此，大部分人买进或售出股票的主要依据不是基本面，而是图形分析、投资顾问的建议等。图形分析属于技术分析的范畴，不在本书讨论范围内。下面，笔者将对其他主要依据略做分析。

1. 品牌认同

许多投资者买卖股票的依据是对公司品牌是否认同。一个耳熟能详的品牌就是一家公司的金字招牌，代表着经营历史悠久及金融安全性高等优势，例如可口可乐、国际商业机器公司或苹果公司等。然而，这种认同并不总是对的，例如超市巨头凯马特、能源巨擘安然公司的品牌都曾被高度认同，但后来又如何呢？如果你在1984年买进当时美国最大的七家计算机公司股票，并持有十年不卖，你可能会遭受巨大的损失。因此，把是否认同公司的品牌作为买卖股票的依据未必是妥当的。

最近，有一家成立于1996年的年轻公司——安德玛，在2014年成功挤掉来自德国的经典运动品牌阿迪达斯，从而成为美国运动用品市场的第二大品牌，其市值五年来几乎涨了七倍，的确是一家快速成长的公司。它的成功关键在于"年轻"二字，其消费群体主要是12～25岁的年轻人，公司团队也都是年轻人当家。

如果仅就品牌论，安德玛当然是一家有潜力的公司。如果你想买入它的股票，除品牌外，你还需要了解其基本面，例如其市盈率目前是105.24，而行业平均值仅为24.72；最近一个季度的每股收益与一年前的同季度相比

是 –17.53%，而行业平均值则为 51.67%。由此看来，好的品牌未必保证有好的基本面，投资者如果仅想依据品牌来买卖股票，确实要三思而后行。

2. 关联情绪

近几年，一个简称"ISIS"的极端组织在中东地区横行，其恶名无人不知。美国一家上市制药公司因为名称简写与它相同而遭到投资者嫌弃，在大盘上涨期间股价却连连下跌。后来，该公司宣布改名才使情况逆转。这个案例说明，人们可能因对 A 的不良印象而将厌恶情绪转移到有相同特征的 B 身上，这类现象也会出现在股票的买卖决策过程中。

实际上，投资者对特定公司的关联情绪确实是决定股票买进与卖出的一个重要因素，例如，当投资者需要在菲利普·莫里斯公司和雅虎间挑出一只股票卖出时，很多人可能选择前者。因为它作为烟草公司，常常会引起人们较强的负面关联情绪，而后者作为科技公司，则容易引起人们的正面关联情绪。同时，雅虎的财经频道为投资者提供各种股票即时报价与各类公司信息，很容易让投资者对它产生好印象，连带地也愿意买进其股票，并长期持有。

3. 噪声

所谓噪声，指的是与公司基本面无关的信息。投资者卖出持股时常常会把这些噪声信息作为依据，这类交易被称为噪声交易。

噪声主要来自电视、互联网或报刊等渠道。近年来，一些财经记者或投资顾问制作发布的互联网短视频成为噪声的重要来源。

4. 投资顾问的建议

投资顾问的买卖建议有时对，有时不对。例如，对于苹果股票的目标价，直到 2015 年 7 月 22 日（即财报发表的第二天），许多投资顾问仍然预估为每股 145 美元，并强烈建议买进。但事实是，从这天开始，苹果股价一路下跌，此后一个月一直在 132～113 美元间徘徊，最低曾达 92 美元。既然投资顾问的建议有对有错，就算错对各占一半（事实上是错多于对），为何许多投资者仍然很依赖他们的建议与预测？部分原因是他们认为投资顾问具有专业知识，并能更早接触到重要信息。

除了投资顾问外，还有其他各式专家（即使本业是会计或房地产也算）喜欢在报刊、互联网或广播电视上对股市做出大胆预测，告诉投资者股市大盘的未来走向。但是，投资者应有自己的判断，专家的话仅供参考。即使是曾经预测准确的专家，下次不见得还是会准确。

5. 直觉

许多投资者依据自己的直觉来卖出股票，至于为什么做出卖出的决策，都说不出所以然来，当然，这样卖出的结果极难预料，纯粹要凭运气。

可靠的卖出指引

如果你卖出股票的依据属于上述五种，其后果是靠不住的。那么，可靠的卖出指引在哪儿？下面我们来进行简略讨论。

1. 对买卖对象应有正确理解

首先，你对"为什么要买进这家公司"应有正确的理解。这里使用"公司"

而非"股票",原因是投资者常常忘记他们买进某公司的股票后,自己就拥有了该公司的一部分。作为长期投资者来说,"为了赚钱"并不是买进某只股票的充足理由。如果你不愿成为这家公司的股东,那你就没有什么理由去购买该公司的股票。

同样地,当你买进该股票的理由(如优秀的管理、独一无二的技术、市场优势地位、畅销的产品及高利润率等)消失时,你就应该考虑卖掉它。事实上,这样的做法会比常见的"获利15%就卖,或下跌5%就卖"的原则要灵活得多。因为获利15%就卖会使你失去仔细分析该公司发展趋势的机会,进而错失持续上涨带来的利润。而下跌5%就卖,则可能迫使你卖掉一家基本面良好的公司。

如果你买的是成长股,特别是小型公司的成长股,而且只有一家机构投资者(银行、保险公司或养老金基金等)拥有50%以上的股份,这种情况下你最好卖掉它,因为你不知道机构投资者什么时候会出手抛售,而且你也不知道这只小型股能否持续成长。如果你拥有大型成长股(如苹果或谷歌等),那么不用担心,因为任何单一机构投资者都无法控股,而且大型股的生命力更顽强。

2. 连续的不佳财报

如果连续持股两个季度,公司财报(特别是销售额、盈利与利润率)都出现下滑,那么除非管理层能给出合理的解释,否则你就应该考虑卖掉这只股票。

3. 现金指标警示

盈利及销售额可以通过巧妙的会计手法来操弄,但有一项不容易被操弄,这是公司拥有的现金数额，以及它产生的现金流。虽然管理层可以指使做假账，或是类似安然公司那样突然破产的情况也可能发生，但无论如何，公司现金状况及现金流是很难造假的。

你可以以两种方式来评估现金指标。首先，如果你持有的股票一直按时付股息，那么股息的减少是公司现金紧张的信号。公司对外发布的盈利可能增加，却没有足够的现金派发与过往相当的股息，这时你就应该警惕了。如果你持有的是一家小公司的股票，而它之前未曾付过股息，那你就应该调查清楚它究竟拥有多少现金，以及在目前的营运状况下能产生多大的现金流，这些数据将会告诉你这家公司是否有足够的财力或能力来克服暂时的困难。如果公司的现金流持续下滑，你就应该考虑卖掉这只股票。

4．库存变动

如果你持股的公司累积大量库存，你应弄清背后的原因，同时也应关注该公司的销售情况。不正常的库存累积，随后往往是销售与盈利问题的最初预警。通过比较每期季报资产负债表上的库存量变化，可以迅速了解库存累积的趋势。这时，你可能会发现，如果是临时库存，那么可以用生产过剩来解释。如果是长期库存，你就应考虑卖掉这只股票。

5．负债比例

除非面对不寻常的情况，如行业发展要求高债务水平以维持公司的有效运营，否则一家公司的长期负债相对于股东权益（总资产减掉总负债）的比例不应大于25%。此外，公司的流动资产对流动债务的比率（即流动比率）应维持在1.5～2之间，这样才能保证公司有足够的营运资金。但要留意的是，如果公司持有太多营运资金，可能意味着资金没有被有效利用。

6. 公司是否涉及核心业务之外的经营

如果公司开始经营一些并无经验的业务，那么应考虑卖掉其股票。大部分公司对其核心业务最为熟悉，如果它企图收购无关的企业来壮大自己，那么除非它能完整保留被收购方有经验的团队，否则这类收购常常会以失败收场。

7. 管理层卖股

如果你发现公司管理层正在卖掉大笔股票，你应该高度警惕。管理层应是对公司情况最了解的人，他们卖出股票可能有各式各样的理由，比如为子女准备教育费用或本身的医疗需要等。但是，如果公司的首席执行官或其他高层管理人员卖出的股数超过其持股的10%，通常就属于预警信号。而且公司越小，管理层卖股的信息就越重要。

8. 人事变动

管理层突然发生大规模人事变动，例如首席执行官或董事长换人等，你就应考虑卖出股票。

9. 行业变化

你应仔细评估公司所在行业的发展变化，包括新产品对消费者的吸引力、竞争情况、服务与技术趋势的变化等。如果你持股的企业总是跟不上行业发展变化的节奏，就应该考虑卖掉持股。

10. 市盈率变化

当股票的市盈率接近总体市场的平均值时，不管你对这只股票的期待有多高，都应考虑卖掉它。但是，如果只因盈余下降而导致市盈率较高，就不应卖掉。因为其价格下跌只是对盈余下跌的过度反应。著名的逆势操作投资人贾克琳·麦克莱伦（Jaclyn McClellan）就一直坚持这一卖股原则。

11. 考验两年

如果你持有一只股票两年后，它还是没能超越总体市场平均值，那你就应该用其他股票取代它。

12. 在出售股票过程中，切勿进行市价委托

就像在火炉上面煮青蛙，当锅里的水刚开始加热时，青蛙只是觉得更舒适，完全不会跳出来。后来，当它发觉无法忍受而想跳出来时，为时已晚。同理，当市场缓慢下跌时，投资者就像青蛙，不会察觉危机；当市场快速下跌时，他才如梦初醒。这时，如果想通过市价委托脱离市场，必定会损失惨重。

让我们以标准普尔500低波幅指数基金为例（图11-5a）进行说明。该基金在2015年8月24日当天的高低点为36.40及20.00，当天收盘收在34.95。但是，在开盘后的15分钟里，它曾跌到20美元（图11-5b），实际跌幅达5.28%。在这一天，如果你在开盘时通过市价委托卖出该基金，那你拿到的卖价极可能是24美元、21美元甚至20美元，而不是34.95美元或30美元。该指数基金在24日（星期一）开盘后的15分钟里有这么大的跌幅，是因为它在周末已累积有来自限价委托的强大卖出压力。开盘后，市价委托的意义基本上就是以任何价格将股票卖给第一个出价的人。显然，因为没有

买家或至少没有足够的买家来接收卖单，直到 20.14 美元的价位时才有买家接手。

这时，你如果想卖掉股票，就应进行限价委托，这样可以让你指定特定时间内想卖出的最低价位。如果上周五标准普尔 500 低波幅指数基金的卖价是 38 美元，那么你可以在限价单上指定最低的卖出价为 34 美元。这样一来，发生抛售时，你的损失将被限制在一定范围。

根据图 11-5b，开盘前如果你使用限价单卖出，那么你可能获得 34 美元的卖价，而不是 22 美元。如果 34 美元的价位没有买家，你的限价单可能会留到当天上午 10:30 之后，当市场反弹到 34 美元时才会被执行。或者，你也可以取消限价单，观望股价是否回弹及回弹多高，然后再决定是否卖出。

问题是，有些股票不但不会回弹，反而在第二天开盘时继续一路下跌。不过，这种情形在大跌之后出现的可能性较低。图 11-5a 和图 11-5b 给我们的最大提醒是，在危机发生前，你就应该对自己的投资组合做好规划，以免在错误的时间买入或卖出股票。

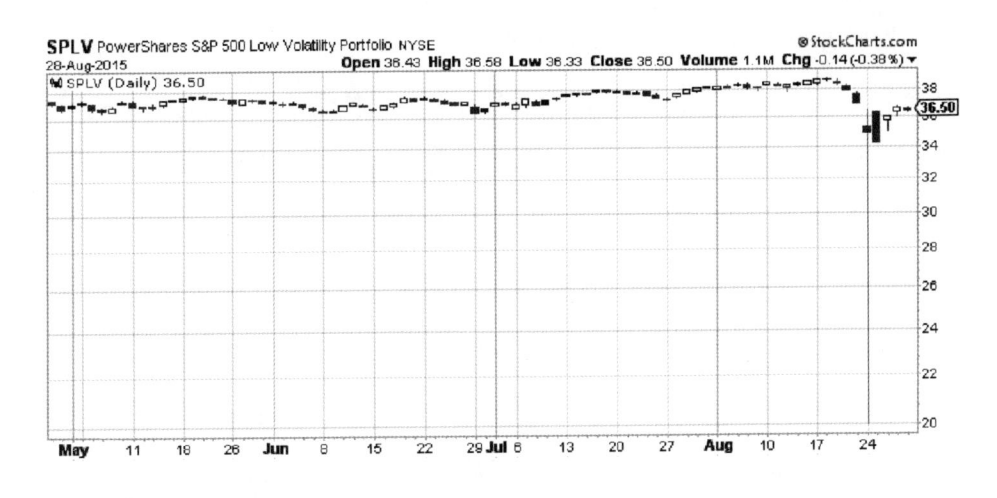

图 11-5a 标准普尔 500 低波幅指数基金在 2015 年 8 月 24 日当天的巨大振荡

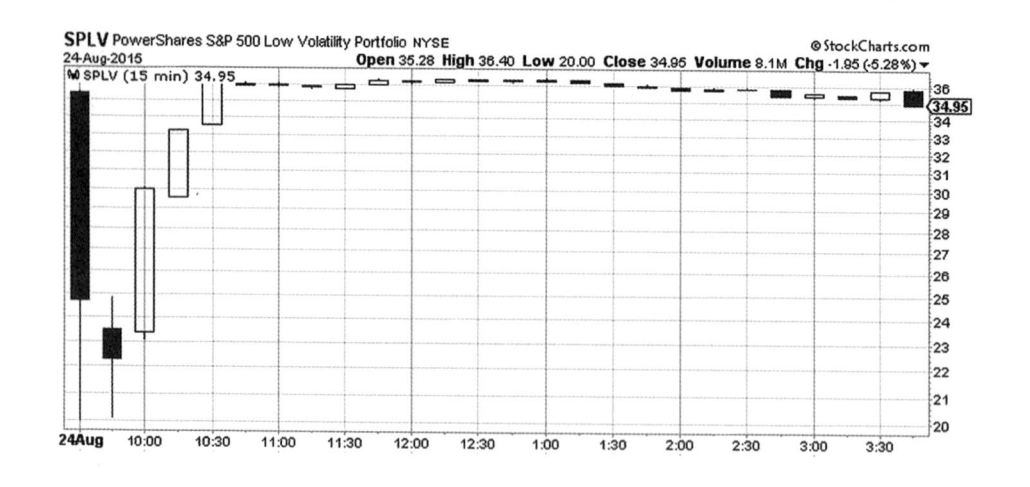

图 11-5b 标准普尔 500 低波幅指数基金在开盘 15 分钟内的大幅下跌

13. 避免近因偏差效应

投资者很容易根据最近的状况来分析未来走势，即认为最近的条件将会继续延伸到未来，在股票市场尤其是如此。这种受近期因素过度影响所造成的近因偏差效应很难避免，在从事投资时应格外提高警惕，以下就是一个例子。

1998 年 7 月，美国股市开始调整，道琼斯工业指数下跌近 2,000 点。一些投资者虽然能抓住退场时机，但当市场于 10 月初回弹时，却缺乏勇气再买入。2003 年 3～4 月间，美英等多国出兵伊拉克，并迅速取胜。但在此之前，为躲避战争风险，投资者早就纷纷从股市抽身。道琼斯工业指数自 2003 年初的 7,400 点涨到 2003 年末的 10,200 点，然而，多数投资者却又错失了

第十一章　卖股心理学

这一次多头良机。

从投资心理学角度来看，从下跌的市场中抽身是比较容易做到的，但在下一轮上涨前再次买进却困难得多。因此，虽然人人都知道低买高卖的策略肯定是对的，但执行起来却非常困难。从历史记录来看，追逐最近的投资佳绩往往不是制胜之道，如2007～2009年是股票投资最富挑战的一段时期，近因偏差效应最为明显。

截至2007年底，股票投资者享受了连续五年的获利。到了2008年，他们继续一头热地加码投资。不料一年后标准普尔500指数大跌37%，大部分投资者都来不及及时抽身。这时，市场盛传第二次经济大萧条即将来临，于是，投资者就把资金转投到较安全的债券基金。到了2009年底，标准普尔500指数上涨23.5%，此后一路持续上涨，直到2015年年中，市场仍处于多头走势，大部分投资者再次做出误判。

从上面这段历史记录中，我们应该学到的教训有：

- 首先，制订投资计划并切实执行，投资过程中不要受情绪波动的影响。
- 不要过度注意短期投资效益。
- 在一段长期涨势或跌势之后，重新审核并调整投资组合。
- 对过往的投资决策加以检讨，看自己是否总是在靠近高点时买进，在靠近低点时卖出。如果真是这样，应立即改正，以免因近因偏差效应遭受损失。
- 了解逆势操作的真正含义。

逆势投资是行为金融学重点研究的投资策略，自1970～2010年的40

年间，逆势策略的回报率比普通股的长期回报率高出约37%～54%。逆势操作不仅可以帮你避免买进股价已经很高的成长股，而且，它还可以帮你买进那种经过市场长期考验、具有合理估值与效益却被忽视的股票。

14. 赚钱股太早卖出，而亏钱股却持有太久

赚钱股卖得太早，意味着这些股票在卖出后继续有好的表现，而亏钱股持有太久则意味着在持有期间它还在持续下跌。加利福尼亚大学伯克利分校哈斯商学院的特伦斯·奥丁（Terrance Odean）教授发现，当投资者卖出盈利股后，它们的表现在第二年会比市场平均值高2.35%；而在同期，投资者持有的亏损股通常会比市场平均值低1.06%。

15. 以下情况长线投资者不应卖出股票

菲利普·费雪（Philip Fisher）和肯尼思·费雪（Kenneth Fisher）在他们的著作《普通股票与不普通的利润》中指出："只要公司的基本面没有变差，就绝对不要卖出股票。"

笔者对这句话感触尤深，说到这个话题，不免又要回到苹果股票上。苹果公司将来如何发展，固然无法提前预知，但我在2015年7月之后陆续卖出该股票的做法，显然违背了这句至理名言。

回想起来，我之所以这么做，主要是受了两篇技术分析文章的影响。第一篇是由《市场观察》的财经记者基尔戈撰写的，发表于2015年7月29日。文章大意是说：美国联合包裹运送服务公司的股票及道琼斯运输指数的下滑是市场走向疲软的预警信号，也是美国经济增长放缓的信号。前者股价从2015年年初到这篇文章发表时为止，累计下跌了10%，而同期标准普尔500

指数则上涨了 1.7%。

第二篇文章也是由基尔戈执笔的，介绍了技术分析师汤姆·麦克莱伦（Tom McClellan）对市场即将大跌的预测。从技术分析观点看，笔者认为市场暂时没有上涨的动能，但汤姆确信市场即将大跌，事实果然如此。虽然市场大跌，但在 2015 年 7 月到 8 月间，除了人民币大幅贬值等外在因素外，苹果公司的经营管理与基本面并没有改变。因此，如果因为担心市场下跌或其他外在因素，就卖掉苹果公司股票，确实是不明智的。

16. 利用市盈率来判断股市高低点

投资者都知道，在股市高点时应卖出股票，在股市低点时应买入股票。然而，怎么判断股市的高点和低点？年化市盈率是一把判断股市高低点的金尺子。首先，自 1870 年以来，美国股市的平均市盈率维持在 16.6 左右。2005～2015 年间，市盈率最高值是 19.7，出现在 2007 年 7 月 13 日；最低值是 10.3，出现在 2009 年 3 月 9 日。

当股市的市盈率接近 10 时，通常意味着谷底阶段已经到来；超过平均数 16 时，市场将逐步反映合理价位区。此外，市盈率达到 20 时，虽然可能不是最高点，却是一个值得警惕的信号，例如，2015 年初美股的平均市盈率就是 20。

当时，美国知名理财咨询网站斑驳小丑的分析数据显示：百度在 2014 年 11 月 11 日的市盈率是 42，远高于美股平均的 20。百度的估价是 253 美元，已经相当高，为安全起见，你最好考虑卖掉它。2015 年 8 月 21 日，百度股价下跌到每股 152 美元，这时其市盈率是 25，已逐步接近市场合理价位。8 月 24 日当天，道琼斯工业指数产生千点振荡，盘中百度曾下挫到每股 100

美元，市盈率为 16.7，比美股平均市盈率 19.36 还要低。这时的百度股票可谓物美价廉，收盘时回升到 141 美元，那些在盘中抛售了百度股票的投资者当然会追悔莫及。

17. 慎选买卖时段

开盘后 30 分钟之内买卖差价较大，整体交易成本会提高，这当然不是交易的好时段。不但如此，投资者面临的风险也更高，一旦主要市场指数下跌，将会蚕食可能的回报。因此，开盘后至少等上 30 分钟或最好是在收盘前的 1 小时内（机构投资者喜欢在收盘前进行交易）进场交易，这样不但可以降低交易成本，而且风险也较低。这时，散户投资者前一晚所下的委托单（限价单）都已成交，因此你也可以避开市场波动。

除了买卖时段须留意外，买卖的日期也有讲究。一般来说，自 1983 年以来，周一是美国股市每周最糟的投资日，周二则是最佳投资日。

18. 不做卖空交易

当你买进股票时，你最大的可能损失是 100%，这种情形通常发生在公司破产时。但如果你卖空股票，一旦该股票走向反转，那么理论上你的损失可能是无限的。由于卖空交易风险极大，所以尽量不要去进行这种交易。下面这个案例值得投资者深思。

一位名叫乔·坎贝尔（Joe Campbell）的散户投资者，在 2015 年 11 月 18 日晚间对一家小型制药股卡洛生物下单（第二天开盘生效）做空头交易。他看跌卡洛生物的原因是，该公司曾于上周宣布，由于没有足够资金同时研发两种癌症药物，所以打算放缓业务进度。不料一觉醒来，第二天早晨该股狂涨 800%，导致坎贝尔不仅赔光账户内的 3.7 万美元，还欠了证券经纪公司 10.64 万美元，他甚至不得不清空他与妻子的退休金账户来还债。事后他才知道，卡洛生物在短时间内暴涨 8 倍的原因，与图灵药业首席执行官马丁·谢科雷利（Martin Shkreli）突然大量买入其股份并成为其最大股东有关。

坎贝尔的故事中，值得我们特别注意的地方是：从股票图形（图 11-6）看，18 日卡洛生物的收盘价是每股 2.07 美元，第二天突然跳升为 10.40 美元，这是导致坎贝尔惨赔的关键。卡洛生物在 16 日及 17 日曾以两根长阳线从谷底窜起，其价位已经回到先前的长期价位，这如果不是表示股票的基本面有变化，就表示它可能正在遭到收购。坎贝尔在 18 日夜下单买进它，说明他并没有弄清楚卡洛生物近期的波动情况就仓促行动，这是一种典型的冲动决策。

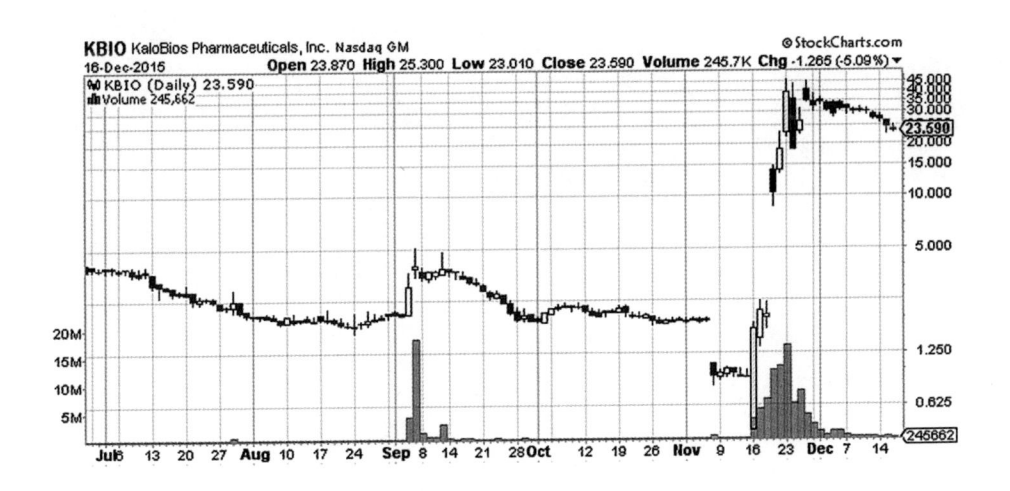

图 11-6 小型制药股卡洛生物的跳升图形

赚钱者的心态

> **小提示**
>
> 　　本章的最后，笔者为读者们提个建议：由于卖股规则太多，一个最简单也最有效的应用策略是，选择你认为最重要的几条，将它们写在便签上，贴在电脑显示器上，或是记在小笔记本上随身携带。最紧要的是：在进行交易前，如果你感到有压力或者觉得兴奋，那不妨先冷静下来，用几分钟时间把买卖决策再考虑一遍。如果还是认为可行，那就进行交易。
>
> 　　能自律并长期遵循以上卖股规则，是成为成功投资者的重要条件之一。至于如何成为一个成功的投资者，请见下章分晓。

第十二章
如何成为一个成功的投资者

一、投资者类型与投资步骤

二、成功投资者的障碍

三、成功投资者的特质及准则

一、投资者类型与投资步骤

提到"如何成为一个成功的投资者",每个人都会想到巴菲特。他在 15 岁时就有 6 千美元的投资资产,30 岁时有约 100 万美元资产,56 岁时有 14 亿美元资产,83 岁时有 585 亿美元资产,目前则有约 670 亿美元资产,是全球最富有的人物之一。

巴菲特当然是一个成功的投资者,而且是最成功的投资者之一。他的资产自 50 岁之后以几何级数快速累积,这说明他的投资策略与思想,及其人格特质,在 50 岁后开花结果,大放光彩。

🗝 成功投资的步骤

一个成功的投资者究竟需要具备怎样的人格特质与投资策略呢?本章将对这个问题进行简要归纳和论述。

首先,让我们来了解"成功"是如何界定的?很多人都说过或在心里期望过"我将来要成功"。但这还不够,你必须想好要获得哪种类型的成功,以及到哪种程度才算成功。事实上,从心理学观点看,成功是一个相对的概念,不同的人有不同的标准。一般来说,当人们能顺利控制自己的行为,当他们不会受到任何事物违背其意愿的影响时,他们就会觉得自身是成功的。因此,就这一点来看,成功的感觉来自本身的主观意识,而非客观的衡量。

至于成功投资的步骤,笔者认为以下几点是必不可少的。

1. 养成好的自我控制力

有好的自我控制力，才能在该买进的时候买进，在该卖出的时候卖出。

2. 养成投资的信心

在做投资决策时，有足够的信心是非常重要的，如果投资者缺乏信心，他们就不该去做投资，毕竟缺乏信心或是没有信心，都会严重影响投资行为。

3. 设置合理的收益目标

贪婪与恐慌等情绪常促使投资者做出不合理的投资决策，而合理的收益目标有助于投资者管控这些情绪。

4. 培养新的思维模式

打破思维惯性，建立一套全新的思维模式（例如，建立一套金融心理学投资模式），将帮你更透彻地看清问题的本质，做出更合理的决策。

5. 观察并学习成功投资者的特质

成功的投资者有以下一些共同的特质。

- **具有清晰而敏锐的现实感。**

  常能抢先一步，发现即将到来的投资机会。

- **向前看。**

  不让过去的习惯主导未来的行动。

赚钱者的心态

- 有从头再开始的决心。

  不让失败与挫折打垮自己。

- 勇于担当。

  不管结果好坏,自己做事自己承担。

- 自尊心强。

  对成功的自我有非常强烈的期许。

- 正面的心态。

  乐观积极地面对生活和困难。

- 不依靠运气,而是持续地依靠策略。
- 对于自己的决策有信心。
- 对前景永远保持谨慎乐观的展望。
- 优秀的自我控制力。
- 对货币与金融领域持续关注。
- 喜欢投资的动机不仅是为了赚钱,也把它视为一种兴趣并乐在其中。

  换句话说,把投资视为一种专门的爱好。
- 不容易被其他人或事影响。
- 对投资有恒久的热情。

6. 具有强烈的投资动机

了解这些特质，并融入你的思维习惯中，它们能帮你形成新的投资风格。为了获得成功投资者的特质，你必须具有强烈的投资动机，了解逆势交易与成功之间的关系（巴菲特"跌深多买"的做法就是逆势交易），并学习如何与失败共处。

7. 谨慎选择专业投资经理人

并非人人都必须是投资专家才能做好投资，只要能挑选到好的专业投资经理人，也同样可以做好投资。一个好的专业经理人应具备以下特质。

- 定期与客户就投资相关事宜进行沟通。
- 除非有很充足的理由，否则不会冒失地逆趋势而上。
- 了解市场的运作方式和它们多变的本质。
- 有多年的良好业绩记录。
- 以理性的心态处理投资相关事宜。
- 有明确的投资理念并能清楚地说明它的制胜之道。
- 将投资分散到不同行业以降低风险，同时，针对自己特别了解的行业进行加权投资。
- 坚定贯彻投资策略，例如，当投资组合中的某只成分股未达到设定标准时，就当机立断卖掉它。
- 具备较高的团队管理水平，能留住人才。

以上大致总结了一些成功投资者的特质及如何进行成功投资的步骤。这些论述毕竟只是原则性的，至于怎样学到精髓，实际效果如何，就与投资者的性格类型息息相关了。

你是哪种类型的投资者？

投资者想要取得成功，首先必须了解自己属于哪种类型，然后根据自己的类型，选择适合自己的投资策略。例如，如果你是个偏爱短时间框架或缺乏耐性的投资者，那么，除非你能改变自己的性格，否则本书建议的投资策略就不适合你。

本书前面几章不断地重复一个概念，即成功的投资不仅取决于买进何种基金或股票，也取决于买卖时机以及持有的周期，这些因素不仅与你的风险承受力有关，当然也与你属于哪类投资者有关。投资者的类型有以下几种。

1. 谨慎型

在进行投资之前，谨慎型投资者通常会先花一些时间来衡量自己的风险承受能力。他们的投资资金大都来自长期辛苦工作的积蓄，因此不愿意去冒太大的风险。有时这种谨慎的风格是出自天性，有时可能是因为对投资缺乏了解，或是因为缺乏可靠的信息。

这个类型的投资者不容易受他人或各类消息的影响，也不愿信任投资顾问。相反，他们喜欢自己做调查并做决策，只有在确定风险最小时，他们才会出手。这类投资者通常会尽量避免商品与期货投资，更喜欢投资大型蓝筹股、指数型基金或债券等。

2. 情绪型

这类投资者的投资决策主要是基于情绪而不是基于理性分析。他们从事投资通常有一些短期诱因，例如某公司发布新产品，或是某公司股价被哄抬，或是某公司的宣传攻势等。

他们是典型的"羊群"式投资者，通常在市场高点买进，在市场低点卖出。他们往往只关心眼下这笔投资是否赚钱，不会记得过去的失败和教训。因此，他们交易的成败纯粹是靠运气而非策略。

此外，在投资过程中，他们很容易因个人情绪、直觉、他人心理暗示甚至传言的影响而轻易改变原先的想法。

3. 技术型

这类投资者大部分都属于图表分析爱好者，他们通常不管公司基本面，只在意价量图表形态，并根据图表形态来预测股票的未来走势。他们使用的方法就是所谓的技术分析，其主要理论依据是，某些类型的市场行为一再重复并形成一种形态，那么这些形态与价位趋势就是可以识别的，因此，未来价位变动可以预测。

这类投资者常常根据价位波动来做交易，因此交易行为比较频繁。他们通常认为图形分析透露出来的信息要早于基本面分析所显示的信息，因此，他们通常花费大量时间盯着屏幕，并持续关注市场价量信息。

4. 忙碌型

有些人喜欢市场投资过程中的热烈气氛，不管投资对象是股票、外汇或其他，他们都非常享受那种参与感。对这些人来说，交易能带给他们极大的

赚钱者的心态

乐趣，赚钱反而变成次要的了。

他们是典型的"赌徒"，无法脱离市场，只要市场一开盘，就会忙着操盘，因此交易相当频繁。他们随时随地关注股价并打听市场消息，如果不能频繁买卖，就会感到浑身不自在。

5. 休闲型投资者

这类投资者并不重视自己的投资，有时甚至会忘了自己投资了什么。在挑选投资对象时，他们可能会花时间去收集与分析信息，或倾听专家意见。一旦买进后，他们便会逐渐失去兴趣，不再关注。

这类人通常属于长期投资者，他们投资是为养老做准备，注重低风险。平常他们忙于工作或家庭，不追求投资的高收益。休闲型投资者也可能会委托专业投资经理管理其投资，自己就不再操心了。

6. 知情型投资者

这类投资者知道如何获得所需信息，也知道如何去利用这些信息。他们的最大问题是：获得了过量信息，耗费大量时间坐在计算机屏幕前进行分析。更糟的是，很多信息是互相矛盾或是含糊不清的，这样一来，分析过程将会变得极为复杂，结果可能并不可靠。往往当他们还在进行信息分析时，交易的最佳时机已经错过了。

7. 强迫型投资者

当投资占据了一个人的全部生活时，这类投资者就会患上投资强迫症，他们如果不想着投资，脑子里就会一片空白，无法安心做任何其他事情。强迫型投资者每天会花尽可能多的时间去观察价位走势，或是分析股票报价数据，常常废寝忘食。有时，他们会误以为凭着自己的技术实力发现了隐藏的趋势。

因为对投资的狂热以及对高超分析能力的迷信，最终，他们会与社会及朋友脱节，抛弃其他兴趣爱好。由于偏执的思维方式，这些投资者甚至会丧失基本的分析判断能力。

二、成功投资者的障碍

下面笔者列出一些足以妨碍投资者迈向成功之路的障碍，希望投资者能够重视和规避。

成功投资者的障碍

1. 偷懒的借口

在投资过程中，投资者应该警惕以下几种偷懒的借口。

（1）防御型。

"我已经付了高额管理费给投资顾问，这就足够了，我只要等着他替我赚钱就行了。"

（2）强调型。

"我已经尽力了。市场上涨20点后，我卖掉了股票，虽然没有赚多少钱，但这有什么关系呢？投资就是这么回事。"

（3）妄想型。

"我知道我是最好的投资者，我只是运气不好罢了。"

2. 矛盾的情绪

有些投资者对同一只股票频繁地买进卖出，出现这种情况可有两种原因，一是不涉及情绪，他们只是单纯地买低卖高以赚取利润。另一种则涉及矛盾的情绪，这类投资者认为，既然这只股票是好股票，为什么还会下跌？所以，下跌时就情绪化地卖掉了它。但在卖掉后，当该股票价格回升时，他们又开始后悔当初的抛售，急匆匆地再次买进。这些矛盾的行为可能会让他们从赢家变成输家，或是只赚到微薄的利润。

3. 盲目模仿

一些年轻人喜欢模仿明星、歌星或其他受关注的公众人物，但他们能模仿的只是那些人的表面，无法模仿其人格。在投资领域，模仿的现象也存在，有些人想模仿成功投资者（如巴菲特）的操作策略，但问题是他们与巴菲特的人格、经验及资产规模都不同，有些事巴菲特能够做到（如长期持有策略），他们却做不到，如果硬要模仿巴菲特的所有操作，投资结果可能更糟。

4. 对不确定感的错误应对

许多投资者因焦虑而恐慌，并因此做出了错误的决策。焦虑因何而生？当你无法确定你的投资是否安全，又缺少可靠的策略时，焦虑就会产生。这种情况通常发生在市场出现大幅波动时。你感受的不确定程度愈大，你误判风险的概率就愈大。反过来说，如果你对风险能有正确的认识，不确定感就会减弱，你的焦虑也会随之减轻。

5. 偏听偏信

基本分析派相信，只有掌握企业的基本面信息，才能预测企业的未来表现；而技术分析派则认为，企业过去的表现才是其未来光明与否的关键。如果你只听信其中一派的说法，而忽视另一派的观点，这是很不明智的。实质上，这两派观点是相辅相成的，缺一不可。

三、成功投资者的特质及准则

一个成功的投资者能妥善协调内在市场（即存在于脑中的对市场的描述与期望）与外在市场（即真实的市场），最后顺利达成投资目标。成功的投资者必定拥有一些足以导致其成功的人格特质，本章前文已对成功投资者的共同特质做了一些介绍，但都是原则性的说法。下文将根据畅销书作者罗伯特·哈格斯多姆（Robert Hagstrom）对巴菲特的人格特质的分析，来说明巴菲特的成功绝非偶然。

巴菲特有哪些特质？

1. 超级聪明

超级聪明并非仅指有高智商，高智商并不足以让一个人变成成功的投资者。如果真是那样，一些大学教授早就变成最富有的人了。巴菲特的超级聪明还表现在，他对事情的决断相当明确而迅速。也就是说，他对于一件与投资相关的事务，很快就可以做出决策。巴菲特之所以能做到这一点，是因为他只需要根据少量关键数据就可了解企业的基本面，并对未来做出判断。

2. 他有侧重点

巴菲特知道自己并非懂得所有东西，他只注意那些他懂的东西，而将不懂的东西留给别人，这为他免除了很多困扰。正因如此，巴菲特只投资那些他了解并看好的行业，包括那些相当传统且平淡无奇的领域，尽量避开高科技行业。

3. 他有适当的灵活性

上文提到巴菲特有侧重点，但这并非意味着不管环境如何变化他也绝不改变主意。关键是他知道什么时候去改变投资组合，什么时候继续持有。例如，长久以来，巴菲特的一项投资原则是避免买进资本密集型企业，但他也会灵活处理。2008年金融危机后，巴菲特预期未来铁路运输量将会增加，于是，他在2009年买进了伯灵顿北方圣达菲铁路公司。后来的业绩证明，这是一笔成功的投资。

4. 他不会情绪化

许多投资障碍与情绪有关。不够客观理性是很多投资者投资失败的主要原因之一。当价格走高时，大部分人变得贪心、自负及亢奋，这导致他们不但不及时退场以收割利润，反而买进更多的股票。当价格走低时，他们感觉沮丧、恐慌，将持股以低廉的价格卖出，而且不会在低点买进。最糟糕的是，投资者内心会产生这种可怕的倾向，即根据别人的决策来决定自己应该如何做，并因羡慕或嫉妒别人的成功而去冒更多的风险，这样做的原因只有一个，即从众心理。

总之，羡慕或嫉妒足以使人盲目从众。以上这些情绪性反应从巴菲特身上是看不到的。例如，国际商业机器公司是他的四大持股之一，该公司虽然曾经连续五年持续惨跌，但他坚决长期持有。伯克希尔·哈撒韦公司于2011年第一季开始买进国际商业机器公司的股票，该年稍后再度全力买进，当时该股大幅上涨。2013年初，它涨至历史记录的高点，但此后随着连续14个季度销售额下跌，股价也一路下跌，跌幅超过1/3，创下2010年10月以来的新低（其股价在2015年11月曾跌至135美元以下）。

巴菲特于2015年8月表示，伯克希尔·哈撒韦公司对国际商业机器公司的持股成本约在每股170美元上下，总计持有7,957万股。到2015年11月，他对该公司的持股亏损已达20亿元美元，约占总购入成本的15%。尽管国际商业机器公司的情况如此糟糕，伯克希尔·哈撒韦公司公开声明："我们目前并无意出售国际商业机器公司的普通股，我们预期我们投资的普通股能够实现价值回归，并最终超越成本。"不但如此，巴菲特甚至表示"他希望国际商业机器公司的股价在接下来的五年中最好持续萎靡不振，这样一来，这家擅长金融操作的科技公司才能够逢低回购更多自家的股票"。

试问，有哪个投资者能具有巴菲特般的超稳心态，不但临危不乱，不会逢低抛股，还能说出期望它走得更低的惊人言论？

5. 他是逆势操作者与特立独行者

一般投资者认为，他们应该跟随大多数。而最好的投资者则敢于逆势操作，他们在关键时刻绝不随大流。但是，只是选择与别人走相反方向，并不足以证明你就是对的。你应该通过独立思考，给别人的错误和自己的正确都找到充分的依据。从这个角度看，很显然，巴菲特具有非常强的逆势操作能力，事实充分证明了这一点。

6. 他是逆周期的

　　经济发展与股市都有周期性，多数投资者都是顺应周期做投资。当经济增长时，公司有较高的盈利，资产价值（或股价）也跟着上升，此时风险低但回报也低。相反，如果选在经济与公司发展的低谷时买进股票，这时公司的资产价格（或股价）被低估，风险相对较大，收益可能也更大。

　　当然，从心态上看，对多数投资者而言，选在低谷期买进股票的做法是非常困难的。但巴菲特就是与众不同，他最喜欢在经济周期底部进行投资。如前文所述，2008年金融危机爆发时，他对高盛和通用电器两家公司各投资50亿美元，买进它们的优先股。2009年，巴菲特投资340亿美元收购伯灵顿北方圣达菲铁路公司，也是同样的道理。这些投资都为他赚取了超额利润，证明他的策略是相当智慧的。

7. 他长期关注其投资，但不在意平时的波动性

　　巴菲特曾说过令人印象非常深刻的一句话："我最喜欢的持有期是'永远'"。这种心态促使他设定了长期投资时间框架，漫长的持有期使他易于消除机会风险，获利丰厚。

8. 他不担心对其最佳主意来个豪赌

审慎的投资者通常都会进行多样化投资，以避免单一投资的巨大风险。然而，高度多样化的投资将会降低盈利股的获利潜力。巴菲特对多样化投资有与众不同的看法，他认为对投资组合采取集中的策略才可能降低风险，因而排斥多元化的做法。巴菲特相信，伟大的想法（或机会）只在极少数情况下才会出现，因此，只要这千载难逢的机会一出现，他就会进行大手笔投资。

人人都知道巴菲特是一个价值型投资者，他善于在经济或公司低谷期以低价买进优质股。但是，他在2015年第三季度购买或增持的一些股票，显然并不太符合传统的价值投资定义，例如伯克希尔·哈撒韦公司从私募股权公司凯雷集团手里购进了艾仕得8.7%的股权。

艾仕得是一家汽车涂料公司，巴菲特购入时，过去12个月的平均市盈率为22，未来12个月的预期平均市盈率为17，而标准普尔1500种特种化学指数的预期市盈率则是近21。因此，按一般投资者的眼光来看，巴菲特的做法简直是一场豪赌，但这正说明他有与众不同之处，也符合他过去强调的投资原则——"以普通的价格买进一家很棒的公司，其实要大大好过以很棒的价格买进一家普通的公司。"

原来，巴菲特增持艾仕得股票的原因是他看好汽车行业，该公司60%的利润来自汽车修补和重新喷漆。而且，彭博社的数据显示，巴菲特增持时，该公司的预期盈利增长速度要比行业整体快3倍。

值得一提的是，巴菲特的"豪赌"对象不仅有艾仕得，他还同时押宝森科能源及卡夫亨氏。森科能源是一家石油和天然气综合能源企业，其当时的股价相当于过去12个月盈利的577倍，未来12个月盈利预期的25.9倍。卡夫亨氏是一家食品及饮料企业，其当时股价相当于过去12个月盈利的105倍，未来12个月盈利预期的22.1倍。

事实表明，巴菲特选择股票的前瞻市盈率都要大大低于历史市盈率，这表示他总是尽量以低价买进目标股。当然这也意味着巴菲特不但会去寻找价值暂时被低估的股票，也会去寻找盈利暂时被遏制的企业，毕竟降低市盈率与压低价格或提升盈利的效果是相同的。

一般投资者可能认为，巴菲特的很多投资操作是一场豪赌，但从他本人的角度看，那并不算一场赌博。2015年3月20日，巴菲特会见来自全美国不同院校的115名大学生。当时有一位学生问："伯克希尔·哈撒韦公司曾做过的最有风险的投资是哪一笔？"巴菲特回答："本公司绝对没有做过任何一笔足以让我觉得是赌博的投资。"

9. 他宁愿处于不活跃状态

绝佳的投资机会是非常稀有的，巴菲特不像很多投资者那样，天天都在寻找投资机会，他宁愿在长时期里都处于不活跃状态，他放弃了一次又一次的所谓"机会"，而真正的机会来临时，他绝对不会放手。

巴菲特作为投资者的人格特质大致如上所述，了解这些，绝对有助于你塑造自己的投资人格。

以下是一些如何成为一名成功投资者的建议。

- 设法让你的内在市场与外在市场更加协调一致。
- 如果市场有疯狂行为，不要追随。
- 频繁的短期交易不会让你致富，反而会增加风险并产生更多情绪

第十二章 如何成为一个成功的投资者

问题。

- 短期交易与长期交易的策略是不同的。
- 专家的话可供参考，但你仍须自主决定。
- 与多数人走相反的道路要有充足的理由，逆势操作要逆得合情合理。
- 市场虽然有周期性，但只要牛市或熊市已经旷日持久，它终将改变。如果公司的基本面没有变化，你不必心慌，只要耐心等待即可。
- 不要害怕止损，止损只是保护你的资金，使损失不再扩大。
- 弄清楚信息的来源，谨慎解读及使用它。
- 不要与自己投资的股票"热恋"，该放手时就得放手。
- 不要让毫无根据的媒体报道影响自己的投资决策。
- 坚持自己的投资策略，市场大幅波动时不要惊慌，以免自乱阵脚。
- 通过基本面评估，客观判断自己是否反应过度。
- 从各种角度反问自己，这个投资是否符合既定原则。
- 让自己的投资方法简单、直接又一贯。
- 该退场时就退场，不要以为获利可以无限扩大。
- 当股市逼近或已处在新高点时，当媒体和专家对市场一片叫好时，就是你该退场的时候了。
- 设定清晰的投资目标。
- 投资只是生活的一方面，不要让它影响生活的其他方面。
- 绝不融资做投资，尤其是不要做投机性投资。
- 了解自己的风险承受能力，绝不做超越承受能力的投资。
- 不要随大流，机会常常有，错过也没有关系。
- 不要将投资当成博彩，前者需要人格、信息、耐性与策略，后者只靠

赚钱者的心态

运气。

● 不要依赖图表分析进行交易。

● 最后也最重要的是，使用合理方法评估股票的真实价值，尽量让买进价位低于股票的真实价值，然后长期持有它。